Qumran

Reclam Sachbuch

Klaus Berger

Qumran

Funde – Texte – Geschichte

Mit 5 Abbildungen
und 2 Karten

Philipp Reclam jun. Stuttgart

RECLAMS UNIVERSAL-BIBLIOTHEK Nr. 18820

Bibliographisch ergänzte Ausgabe 2011
Kartenzeichnungen: Theodor Schwarz, Urbach,
nach Vorlagen des Autors
Gestaltung: Cornelia Feyll, Friedrich Forssman
Gesamtherstellung: Reclam, Ditzingen. Printed in Germany 2011
RECLAM, UNIVERSAL-BIBLIOTHEK und
RECLAMS UNIVERSAL-BIBLIOTHEK sind eingetragene
Marken der Philipp Reclam jun. GmbH & Co. KG, Stuttgart
ISBN 978-3-15-018820-0
www.reclam.de

Inhalt

Historische Fragen

Luftaufnahme der Siedlung Qumran (Foto: Sonia Halliday)

Vorwort

Der eigene Einstiegspunkt in die Qumranforschung war meine Beschäftigung mit dem *Buch der Jubiläen*, einer pseudepigraphen Schrift der zwischentestamentlichen Literatur, die um 135 v. Chr. (spätestens) entstanden ist. In den Jahren 1979 bis 1982 hatte ich diese Schrift aus dem Äthiopischen inklusive der lateinischen und syrischen Fragmente übersetzt und kommentiert.[1] Dabei ergab sich für mich, daß das Jubiläenbuch in die Vorgeschichte einiger Qumrantexte gehört. Unter den Qumranfunden gibt es zahlreiche Texte, die das Jubiläenbuch zitieren oder auf seine Art geschrieben sind.[2]

Durch die Einordnung des Jubiläenbuchs in die Vorgeschichte einiger Qumrantexte wurde jedoch klar, daß weder für das Jubiläenbuch noch für die betreffenden Qumranschriften, noch gar für die gesamten Höhleninhalte aus Qumran ein essenischer Ursprung in Betracht kam. Statt des inhaltlich reichlich nebulösen »Essenismus« ergaben sich Hinweise auf eine kultisch orientierte Erneuerungsbewegung, der auch das Jubiläenbuch schon zugehörte. Es war nicht gut möglich, diese exklusiv als pharisäisch, sadduzäisch, priesterlich oder essenisch zu beschreiben. Was hat nicht Josephus mit seiner Einteilung des Judentums in die vier Parteien in den Köpfen der Forscher angerichtet.

1 *Das Buch der Jubiläen*, Gütersloh 1982. (Jüdische Schriften aus hellenistisch-römischer Zeit. II,3.) S. 273–575.

2 Johann Maier, *Die Qumran-Essener. Die Texte vom Toten Meer*, Bd. 3, Stuttgart 1996, S. 180–182.

Dieser Ausgangspunkt hat gravierende Folgen für die Darstellung. Im Unterschied zu vielen Kollegen kann ich nicht davon ausgehen, daß es sich bei den Texten aus Qumran gewissermaßen nur um Fragmente oder Mosaiksteine eines einzigen großes Werkes oder Konzeptes handelt. Vielmehr hat jede einzelne Schrift ihre eigene Bedeutung. Ich kann daher in diesem Bändchen nicht eine Einführung in »die« Theologie der Qumrantexte oder gar der Essenersekte im Kloster Qumran geben. Sehr viel nüchterner ist die Zielsetzung, nämlich das Bestreben, die Funde aus der Gegend von Qumran von dem Wust der überwuchernden Apologien und Theorien zu befreien, unter dem sie uns zugänglich gemacht wurden.

Das vorliegende Buch wäre nicht entstanden, hätte ich nicht einige Jahre später bei der von meiner Frau und mir gemeinsam erstellten Übersetzung der Psalmen von Qumran dann regelrecht Feuer gefangen an der Schönheit und Spiritualität der geistlichen Dichtungen aus den Höhlen von Qumran.

Zur Ermöglichung dieses Bändchens trug wesentlich bei, daß Johann Maier, dem ich mich freundschaftlich verbunden weiß, inzwischen in der UTB-Reihe in drei Bänden eine Übersetzung aller zur Zeit übersetzbaren Qumrantexte nebst exzellenten Registern vorgelegt hat. Auf seine Übersetzung habe ich (außer bei den Psalmen und Hymnen) sehr häufig zurückgegriffen und mich daran wenigstens orientiert, auch was die Füllung der Lücken betrifft.

Für die gründliche Durchsicht der Korrekturfahnen danke ich Frau Dr. Gabriele Hagenow, Berlin/Gießen, sehr herzlich.

Das Büchlein sei meiner Frau gewidmet zur Erinnerung an den 24. Juli 1996, an welchem Tage sie glückliche Empfängerin eines längst verdienten akademischen Rufes an eine Hochschule wurde.

Klaus Berger

Verzeichnis der Abkürzungen

Altes Testament

Gen	Genesis (Das 1. Buch Mose)
Ex	Exodus (Das 2. Buch Mose)
Lev	Leviticus (Das 3. Buch Mose)
Num	Numeri (Das 4. Buch Mose)
Dtn	Deuteronomium (Das 5. Buch Mose)
Jos	Das Buch Josua
Ri	Das Buch der Richter
1Sam	Das 1. Buch Samuel
2Sam	Das 2. Buch Samuel
1Kön	Das 1. Buch der Könige
2Kön	Das 2. Buch der Könige
1Chr	Das 1. Buch der Chronik
2Chr	Das 2. Buch der Chronik
Esr	Das Buch Esra
Neh	Das Buch Nehemia
1Makk	Das 1. Buch der Makkabäer
2Makk	Das 2. Buch der Makkabäer
Ps	Psalmen
Spr	Proverbien (Die Sprüche)
Sir	Das Buch Jesus Sirach
Jes	Das Buch Jesaja
Jer	Das Buch Jeremia
Ez	Das Buch Ezechiel
Dan	Das Buch Daniel
Hos	Das Buch Hosea
Am	Das Buch Amos
Mi	Das Buch Micha
Nah	Das Buch Nahum
Hab	Das Buch Habakuk
Sach	Das Buch Sacharja
Mal	Das Buch Maleachi

Qumrantexte

CD	Damaskusschrift
1 QGenAp	= 1 Q 20 Midrasch zur Genesis (aram.)
1 QpHab	Kommentar (Pescher) zum Buch Habakuk
1 QH	Hymnensammlung
1 QM	Kriegsregel
1 QJes[a]	Schriftrolle mit dem Buch Jesaja
1 QS	Sektenregel
1 QSa	Gemeindeordnung
1 QSb	Segenssprüche
2 Q 26, 4 Q 203	Buch der Giganten (aram.)
3 Q 15	Kupferrolle (Schatzverzeichnis)
4 Q 246	Gottessohn-Text (aram.)
4 Q 252	Midrasch zur Genesis (»Vätersegen«)
4 Q 400–407	Engelliturgie, Sabbatgesänge
4 QM	Kriegsregel (ältere Fassung?)
4 QMMT[a–f]	Weisung an Jonathan
4 QpHos[a–b]	Kommentar (Pescher) zum Buch Hosea
4 QpJes[a.b.d]	Jesaja-Kommentar II
4 QpJes[c.e]	Jesaja-Kommentar I
4 QpNah	Kommentar (Pescher) zum Buch Nahum
4 QPs[a.b]	Kommentar (Pescher) zu den Psalmen
11 Q 10	Targum zum Buch Ijob (aram.)
11 Q 11	Apokryphe Psalmen
11 Q 19	Tempelrolle
11 QMelch	= 11 Q 13, Midrasch über Melchisedek

Neues Testament

Mt	Das Evangelium nach Matthäus
Mk	Das Evangelium nach Markus
Lk	Das Evangelium nach Lukas
Joh	Das Evangelium nach Johannes
Apg	Die Apostelgeschichte

Röm	Der Brief an die Römer
1Kor	Der 1. Brief an die Korinther
2Kor	Der 2. Brief an die Korinther
Gal	Der Brief an die Galater
Eph	Der Brief an die Epheser
Phil	Der Brief an die Philipper
Kol	Der Brief an die Kolosser
1Thess	Der 1. Brief an die Thessalonicher
2Thess	Der 2. Brief an die Thessalonicher
1Tim	Der 1. Brief an Timotheus
2Tim	Der 2. Brief an Timotheus
Tit	Der Brief an Titus
Hebr	Der Brief an die Hebräer
Jak	Der Brief des Jakobus
1Petr	Der 1. Brief des Petrus
2Petr	Der 2. Brief des Petrus
1Joh	Der 1. Brief des Johannes
2Joh	Der 2. Brief des Johannes
3Joh	Der 3. Brief des Johannes
Jud	Der Brief des Judas
Offb	Die Offenbarung des Johannes, Apokalypse

Apostolische Väter

Barn	Der Barnabasbrief
1Clem	Der 1. Brief des Clemens
2Clem	Der 2. Brief des Clemens
Did	Die Lehre der Zwölf Apostel (Didache)
PHerm	Der Hirt des Hermas

Allgemeine Abkürzungen

altruss.	altrussisch
aram.	aramäisch
assyr.	assyrisch

äth.	äthiopisch
bzw.	beziehungsweise
d. Ä.	der Ältere
d. h.	das heißt
dt.	deutsch
ebd.	ebenda
f., ff.	folgende, fortfolgende
Fragm.	Fragment
griech.	griechisch
hebr.	hebräisch
Hs(s).	Handschrift(en)
i. S.	im Sinne
Jh.	Jahrhundert
lat.	lateinisch
m. E.	meines Erachtens
n. Chr.	nach Christus
par	Verweis auf (z. T. nicht gesondert aufgeführte) synoptische Parallelstelle(n)
S.	Seite
s.	siehe
slav.	slavisch
sog.	sogenannt
syr.	syrisch
u. a.	unter anderem
usw.	und so weiter
v. Chr.	vor Christus
vgl.	vergleiche
Z.	Zeile
z. B.	zum Beispiel
z. T.	zum Teil

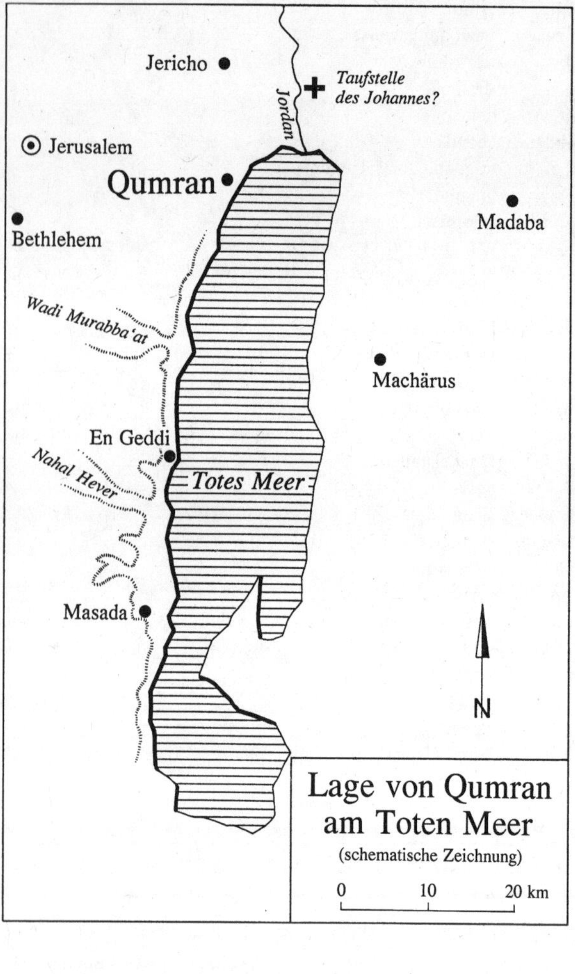
Jericho
Taufstelle
des Johannes?
Jordan
Jerusalem
Qumran
Madaba
Bethlehem
Wadi Murabba'at
Machärus
En Geddi
Nahal Hever
Totes Meer
Masada
N
Lage von Qumran
am Toten Meer
(schematische Zeichnung)
0
10
20 km

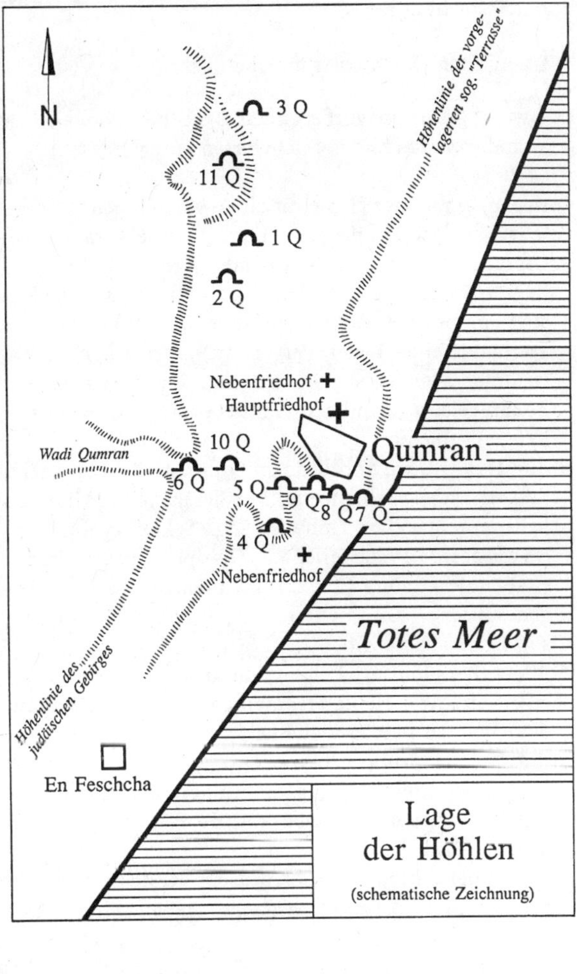

Lage der Höhlen

(schematische Zeichnung)

Einführung

Thematische Stichworte im Überblick

Die wichtigsten im vorliegenden Band behandelten Gegenstände werden hier in Stichworten kurz vorgestellt:

Qumran: arabischer Name für einen von einigen Ruinenteilen bedeckten flachen Hügel (Mergelterrasse) am Ufer des Toten Meeres. – Ausgrabungen 1952–58.
In den Höhlen der Umgebung von Qumran wurden Reste von über 800 Rollen gefunden, die auf bearbeiteter Tierhaut (feines Leder, Pergament) geschrieben waren. In Höhle 4 waren die Schriftrollen unverpackt auf den Boden gelegt, in anderen Höhlen dagegen waren sie in Krügen verstaut.

Höhle 1: ca. 1,3 km nördlich von Qumran, 1947 entdeckt, 7,34 m lange Schriftrolle mit Jesaja-Text, Midrasch (=Kommentar) zu Genesis, sog. Sektenregel (1 QS; Bundesfest, 2-Geisterlehre, Disziplinarvorschriften), Gemeindeordnung (1 QSa), Hymnen, Kriegsrolle, Segenssprüche, Kommentar zum Propheten Habakuk, sog. Damaskusschrift.

Höhle 2: bei Höhle 1, 1952 entdeckt, vermoderte Handschriften, zwei kleine Fragmente einer Schriftrolle mit dem Text des hebräischen Buchs Sirach.

Höhle 3: 2,3 km nördlich von Qumran, 1952 außerhalb der Höhle, direkt am Eingang entdeckt, sog. Kupferrolle (2,42 m lang) mit Angabe von 64 Plätzen, an denen Schätze (?) aufbewahrt wurden.

Höhle 4: bei Qumran, 1952 entdeckt, Reste von ca. 600 Schriftrollen, darunter »tägliche Gebete«, Beschwö-

Höhle 1 Q von innen, später angelegter Eingang
(Foto: Christoph Schilling)

rungshymnen, Weisheitstexte, Kriegsrolle (ältere Fassung?), die sog. Sabbatliturgie (himmlische Gesänge zum Sabbatopfer), 4 QMMT (Midrasch über die Werke der Torah), Kommentar zum Propheten Nahum, aramäische Henochbücher.

Höhle 5: bei Qumran, 1952 entdeckt.

Höhle 6: 300 m westlich von Qumran, 1952 entdeckt, Reste von ca. 30 Schriftrollen.

Höhle 7: bei Qumran, 1955 entdeckt, wenige Handschriftenreste (ca. 20 Rollen), nur griechisch.

Höhle 8: bei Qumran, 1955 entdeckt, wenige Handschriftenreste.

Höhlen um 4 Q (Foto: Garo, Brunnen-Archiv)

Höhle 9: bei Qumran, 1955 entdeckt, wenige Handschriftenreste.
Höhle 10: bei 4 Q und 5 Q, 1955 entdeckt, keine Schriftrollen, Scherbe von einem Tonkrug mit den beiden Anfangsbuchstaben eines Namens.
Höhle 11: ca. 2 km von Qumran entfernt, 1956 entdeckt, ca. 23 Schriftrollen, darunter die Tempelrolle (9 m lang), Melchisedek-Midrasch und biblische sowie apokryphe Psalmen, aram. Targum[3] zu Ijob.
Wadi Murabba'at: 20 km südlich von Qumran gelegenes

3 Targum: Aramäische Bibelübersetzung (aus dem Hebräischen).

Tal mit Höhlen, 1952 ausgegraben. Gefunden werden hier u.a. zwei Briefe des Bar Kochba (jüdischer Aufstandsführer, um 135 n. Chr.).

Masada: Bergfestung an der Westküste des Toten Meeres, nach dem Tod Herodes' des Großen 4 v. Chr. – 66 n. Chr. römische Garnison, dann von Zeloten erobert und Zentrum des jüdischen Widerstandes, fiel 74 n. Chr. nach Belagerung; man findet apokryphe Schriften (hebr. Sirach), Gebetsriemen, ferner die »Engelsliturgie«, die Ähnlichkeiten zu Funden aus Höhle 4 aufweist. Eine der ältesten (vgl. auch Gamla) frühjüdischen Synagogen.

En Geddi: 32 km südlich von Qumran, Oase an der Westseite des Toten Meeres, nach Plinius d. J. Wohnort von Essenern.

Entdeckung und Erforschung

Im Jahre 1947 entdeckte ein junger Palästinenser (Taamireh-Beduine) auf der Suche nach einer verirrten Ziege (zur Entdeckungslegende vgl. N.A. Silberman, *The Hidden Scrolls*, London 1995, S. 30ff.) in einer Höhle am Toten Meer die ersten Tonkrüge mit Schriftrollen in der Nähe des Ruinenhügels »Chirbet Qumran«. Seither haben diese Funde Weltgeschichte gemacht. Was ist in den 50 Jahren mit den Funden und ihrer Erforschung geschehen? Man kann fünf Phasen unterscheiden:

1. 1947–56 Sicherstellung der Funde und erste Ausgaben von Texten.

2. Ab 1962 offizielle Ausgabe der Texte *Discoveries in the Judaean Desert.* – 1960 und 1964 erste deutsche Übersetzungen durch Johann Maier und Eduard Lohse. Bis 1993 sind aber noch immer rund 200 Texte nicht publiziert.
3. 1991–94 die sog. Qumrankrise. Den Anfang bildet die Kampagne der Biblical Archeological Review seit 1988, besonders der Einsatz von Hershel Shank, der sich für die Freigabe der Rollen einsetzt. – Aufgrund der Publikation von Kopien vorwiegend unedierter Originaldokumente aus den Höhlen von Qumran durch R.H. Eisenman entsteht eine Fülle großenteils minderwertiger Populärliteratur über die »Verschlußsache Jesus«, in der weitgehende Aussagen über das frühe Christentum aus den Texten abgeleitet werden sollten.
4. 1994 wird die erste vorläufige englische Übersetzung des gesamten Textbestands (mit Ausnahme der Kleinfragmente) durch García Martínez besorgt, die deutsche Übersetzung folgt 1995 durch Johann Maier.
5. Aufgrund der Arbeiten von Norman Golb (dt. 1994) und Matthias Klinghardt (Gemeinschaftsmahl und Mahlgemeinschaft, 1996) wird Nachdenklichkeit beim Forschungs-Establishment erzeugt, betreffend den bisherigen Konsens, wonach die Rollen in den Höhlen von Qumran aus der Essenersiedlung Qumran stammten. Zunehmend entsteht der Eindruck, daß es sich bei den Funden um einen Querschnitt durch das gesamte damalige Judentum handelt. Vielleicht war der Flecken Qumran nie von Essenern bewohnt.

Die *Chronologie der Funde und ihrer Edition* seien in der folgenden Übersicht zusammengefaßt:

um 211–217 n. Chr.: »In der Zeit des Antoninus, des Sohnes des Severus, wurden in einem Tonkrug im Gebiet von Jericho« hebräische und griechische Handschriften gefunden, die Origenes ab ca. 225 für seine *Hexapla* verwendet. Entsprechende Tonkrüge fand man bisher im Gebiet von Jericho nur in Qumran. Ging es um das, was jetzt in Höhle 7 Q fehlt?

um 800 n. Chr.: Patriarch Timotheus von Seleukia (Bagdad) schreibt an Bischof Sergius von Elam, vor etwa 10 Jahren seien in einer Felshöhle nahe Jericho Bücher gefunden worden. Juden hätten daraufhin hebräische Bücher des Alten Testaments und andere hebräische Werke dort gefunden und mitgenommen. Ging es um Höhle 3?

1910: S. Schechter publiziert Teile der später »Damaskusschrift« genannten Schrift aus den Beständen der Geniza (Kammer für nicht mehr gebrauchte Schriftrollen) der karäischen Synagoge in Alt-Kairo, das »Cairo Damascus Document« (CD). In Qumran findet man diese Schrift wieder.

1947, Frühjahr: Mohammed Ad-Dib (»der Wolf«) entdeckt die erste Qumranhöhle, ca. 1,3 km vom Ruinenhügel Qumran entfernt. Aus ihr kommen insgesamt sieben Schriftrollen. – Die Geschichte mit der verirrten Ziege ist möglicherweise eine Legende; die Familie Ad-Dibs (der Stamm Taamireh) war seit langem professionell auf Suche nach archäologischen Antiquitäten.

– Der Syrer Khalil Iskander Schahin (»Kando[u]«) kauft

vier Rollen. – Er war Schuster und wollte wohl aus dem Pergament der Rollen Sandalen verfertigen (Teil der Entdeckungslegende, vgl. dazu oben zu 1947 Silberman, S. 34 f.).

– Kando gräbt selbst in den Höhlen.

1947, 25. 11.: Dem jüdischen Gelehrten E. L. Sukenik werden Schriftschnipsel angeboten. Sukenik erwirbt sukzessive drei Rollen aus Höhle 1 für die Hebräische Universität in Jerusalem.

1948, Frühjahr: Kando verkauft 1 QJes[a], ferner 1 QS, 1 QpHab und 1 QGenApokr an den syrischen Metropoliten, den Erzbischof von Jerusalem, Mar Athanasius Samuel. Er zahlt dafür 97,20 Dollar.

– Kando bleibt im Besitz vieler Fragmente und verbirgt sie aus Angst vor Beschlagnahmung durch die jordanische Regierung zeitweilig in seinem Garten.

1948: Sukenik exzerpiert die Jesaja-Rolle und die Gemeinderegel aus dem Besitz des syrischen Metropoliten.

1948, 18. 2.: Anton Kiraz, Mitarbeiter des syrischen Metropoliten, kommt mit Rollen in das amerikanische archäologische Institut in Ost-Jerusalem. John Trever gelingt es, Teile der Rollen zu photographieren.

1948, April: Durch das Bulletin des amerikanischen archäologischen Instituts erfährt man zum ersten Male etwas über die Bedeutung der Funde.

1948, September: Sukenik publiziert den ersten Bericht über die von Israel erworbenen Rollen.

– Der syrische Metropolit bietet seine Rollen für 1 Million Dollar zum Verkauf an. Er leiht drei der Rollen der American School of Oriental Research.

1948–54: Die wichtigsten Rollen des syrischen Metropoliten bleiben in einem Schließfach des Waldorf Astoria Hotels in New York.

1949: Wiederauffindung und weitere Erforschung von Höhle 1 (durch den englischen Leiter des jordanischen Amtes für Altertümer und den belgischen Captain Philippe Lippens). Man findet abgeblätterte Reste von 5 der 7 Schriftrollen und Scherben von Tonkrügen. Von Beduinen geraubte Fragmente werden zurückgekauft. Preis DM 12,– pro Quadratzentimeter.

1950: Seitdem Veröffentlichung vollständiger Rollen, so zuerst durch Millar Burrows: *The Dead Sea Scrolls of St. Mark's Monastery*, Bd. 1, New Haven.

1951, Herbst: Grabungs-Stichproben am Ruinenhügel von Qumran.

– Funde aus Wadi Murabba'at, 20 km südlich von Qumran, gelangen an die Öffentlichkeit, darunter Briefe des Bar Kochba und eine griechische Übersetzung des Buches der kleinen Propheten.

1952: Im Felsabhang bei Höhle 1 wird Höhle 2 mit weiteren Handschriftenresten gefunden.

1952, Januar – März: Ausgrabungen im Wadi Murabba'at.

1952, 14. 3.: 1 km nördlich von Höhle 1 wird Höhle 3 entdeckt.

1952: Beduinen entdecken Höhle 4 dicht bei den Ruinen von Qumran.

– Höhle 5 wird entdeckt.

1952, September: 300 m westlich von Qumran wird Höhle 6 entdeckt.

1952–58: Ausgrabungen in Qumran, besonders mit P. Roland de Vaux OP in Verbindung mit G. Lancaster Harding, jordanische Antiquitätenbehörde.

1953: Gründung eines internationalen Forschungskreises am Rockefeller-Museum in Ost-Jerusalem.

– Die jordanische Regierung setzt eine internationale Herausgebergruppe unter Leitung von P. Roland de Vaux OP und der französischen École Biblique (J. Starck und M. Baillet) ein. Zu ihr gehören auch J. T. Milik (polnischer Dominikaner, in Paris lebend), P. Benoit, Frank Cross, P. Shehan, John Strugnell und John Allegro.

1954, Herbst: Israelis erwerben die Rollen aus dem Besitz des syrischen Metropoliten für angeblich 250 000 Dollar.

1954/55: Sukenik publiziert (postum durch N. Avigad) die von ihm erworbenen Rollen (nur hebr.).

1955: Band 1 der *Discoveries in the Judaean Desert* erscheint.

– Entdeckung der Höhlen 7, 8, 9 und 10.

– J. M. Allegro editiert die Kupferrolle (statt des eigentlich autorisierten J. T. Milik).

1956: Entdeckung der Höhle 11, 250 m südlich von Höhle 3.

– Das aramäische Genesis-Apokryphon (Höhle 1) wird von Yigael Yadin publiziert. Damit ist alles Material aus Höhle 1 publiziert.

– bzw. **1958:** Ausgrabungen in En Feschcha (R. de Vaux).

1959: Band 2 der *Discoveries in the Judaean Desert* erscheint (Material aus Wadi Murabba'at).

1960: Kando bietet den Israelis die Tempelrolle zum Kauf an.

– Beginn der systematischen Durchsuchung der Höhlen in der Wüste Juda durch die Israelis. Man findet im Wadi Zeelim und im Nahal Hever Dokumente aus der Zeit Bar Kochbas und Dokumente in nabatäischer Schrift.

1962: Geza Vermes (*The Dead Sea Scrolls in English*) publiziert eine englische Übersetzung aller bisher veröffentlichten Texte aus Qumran (3. Aufl. 1987).
– Band 3 der *Discoveries in the Judaean Desert* erscheint: Material der Höhlen 2–3 und 5–10, auch Kupferrolle.
1963–65: Ausgrabung der Festung Masada unter Yigael Yadin.
1965: Der Schrein des Buches in Jerusalem wird errichtet: Alle 7 Rollen aus Höhle 1 (und anderes) sind hier ausgestellt.
– Band 4 der *Discoveries in the Judaean Desert* erscheint: Psalmenrolle aus Höhle 11.
1967: Die Israelis beschlagnahmen die Tempelrolle und zahlen Kando angeblich 100 000 Dollar.
– Die Israelis erobern Ost-Jerusalem mit dem Rockefeller-Museum und übernehmen seither die Verwaltung des gesamten Materials an Handschriften.
1968: Band 5 der *Discoveries in the Judaean Desert* erscheint: Material aus Höhle 4.
1976: Jozef Tadeusz Milik publiziert *The Books of Enoch. Aramaic Fragments of Qumran Cave* 4, eine reich kommentierte wertvolle Edition der ältesten Fragmente des Henochbuchs.
1977: Band 6 der *Discoveries in the Judaean Desert* erscheint (kleinere Texte und Targumim aus Höhle 4).
1977: Yigael Yadin publiziert die Tempelrolle aus Höhle 11. 1982 folgt die englische Übersetzung.
1982: Band 7 der *Discoveries in the Judaean Desert* erscheint: Material aus Höhle 4 (Kriegsrolle, literarische und Weisheitstexte).
1984: Klaus Beyer publiziert *Die aramäischen Texte vom Toten Meer*, eine mustergültige Gesamtedition.

– Erweiterung des Herausgeber-Teams (erstmals jüdische und israelische Gelehrte).

1990: Emanuel Tov wird ›editor in chief‹, nochmalige Erweiterung des Herausgeberkreises.

1991/92: Auf der Grundlage einer Konkordanz (!) wird eine erste Textausgabe bisher unveröffentlichten Materials versucht (B.-Z. Wacholder / M. G. Abegg: *A preliminary edition of the unpublished Dead Sea scrolls*, 2 Bde.).

1991: Hershel Shanks publiziert 1700 Faksimiles bisher nicht publizierter Fragmente: *A Facsimile Edition of the Dead Sea Scrolls* (Einführung von R. H. Eisenman und J. M. Robinson), 2 Bde. – Es handelt sich um Kopien, die der Huntington-Bibliothek zur Verfügung gestellt worden waren, um für den Fall der Vernichtung der Originale die Texte zu bewahren.

– Es erscheint: Michael Baigent / Richard Leigh, *Verschlußsache Jesus. Die Qumranrollen und die Wahrheit über das frühe Christentum*, München. – Das Buch stellt die These über ein Komplott des Vatikans zur Geheimhaltung von Jesus-Dokumenten auf. Es wird in Deutschland als sensationell verkauft (insgesamt wohl über 1 Million Exemplare).

1993: Es erscheint: R. Eisenman / M. Wise, *Jesus und die Urchristen. Die Qumranrollen entschlüsselt*. – In Spekulationen über angebliche Beziehungen zwischen Urgemeinde und Qumran werden die unhaltbaren Theorien der *Verschlußsache Jesus* entfaltet.

– Es erscheint die erste vollständige und autorisierte Publikation alles Qumran-Materials: Tov, Emanuel / Pfann, S. J., *The Dead Sea scrolls on microfiche. A com-*

prehensive facsimile edition of the texts from the Judaean Desert, Leiden.

1994: Es erscheint die englische Übersetzung von F. Garcia Martinez, *The Dead Sea scrolls translated. The Qumran texts in English*, Leiden.

1995/96: Es erscheint: Johann Maier, *Die Qumran-Essener. Die Texte vom Toten Meer*, 3 Bde. (vollständige Übersetzung aller bisher übersetzbaren Texte aus Qumran).

1997/98: In der Reihe der DJD erscheinen die Bände XI, XV, XXIII, XXIV und XXV. – Sie enthalten Texte aus den Höhlen 4 und 11 sowie Siegelabdrücke aus dem Wadi Daliyeh nahe Qumran (Mitte 4. Jh. v. Chr.).

Die Textfunde

Das Alter der Textfunde

Beobachtungen zur Paläographie und Untersuchungen mit der Carbon-14-Methode haben zu demselben Ergebnis geführt: Die hebräischen und aramäischen Dokumente aus den Höhlen von Qumran stammen:

- überwiegend aus dem 1. Jh. v. Chr.,
- zum Teil aus dem ersten Drittel des 1. Jh.s n. Chr. (also immer noch vor Jesu Auftreten),
- zum geringen Teil aus dem 2. Jh. v. Chr.,
- in Einzelfällen aus dem 3. Jh. v. Chr.

Selbstverständlich besagt das Alter einer Handschrift noch nichts über das Alter des eventuell nur kopierten Textes. Dieser kann wesentlich älter sein.

Die in Höhle 7 gefundenen griechischen Fragmente eignen sich für die Carbon-14-Methode nicht, da sie zu klein sind.

Die Sprachen der Textfunde

Die Texte sind zumeist in hebräischer Sprache gehalten. Das ist deshalb überraschend, weil Hebräisch keineswegs die Umgangssprache gewesen ist. Einige ältere Dokumente sind sogar in althebräischer Schrift verfaßt (so übrigens auch in anderen Dokumenten der Gottesname). Besonders für die Hymnen ist das bezeichnend, denn sie lehnen sich nicht nur de facto an die Sprache der Psalmen an, vielmehr ist der Gebrauch des Hebräischen hier auch programmatisch: Hebräisch ist die Sprache der Engel. Viele der Hymnen bringen zum Ausdruck, daß der Beter in der Gemeinschaft der Engel vor Gottes Thron steht und seinen Gesang als Beitrag zu deren Huldigung auffaßt. Die hebräischen Qumrantexte spiegeln daher eine systematisch reflektierte Position.

Auch im Jubiläenbuch, das spätestens um 135 v. Chr. entstand und das viele inhaltliche Beziehungen zu einigen Haupttexten aus Qumran hat und in den Höhlen selbst in 9 Exemplaren vertreten war, ist schon von der Notwendigkeit die Rede, daß Abraham von den Engeln deren Sprache (Hebräisch) lernt; er tut dieses in der Winterzeit, so daß sein Broterwerb dadurch nicht gestört wird. – Die weitgehende Bevorzugung des Hebräischen in der Mehrzahl der Qumrantexte ist somit Ausdruck eines Reformprogramms nationaler und politischer, religiöser und kultureller Rückbesinnung auf die hebräische Identität Israels.

In aramäischer Sprache sind häufig astronomisch-astrologische Texte und auch die Henoch-Fragmente verfaßt. Es ist gut erkennbar, daß sie weniger »national« ausgerichtet sind – Henoch ist kein Jude –, als vielmehr »modern« und weltoffen sich präsentieren wollen. Dabei sind die Henoch-Texte durchaus älteren Ursprungsdatums als die hebräischen. Sie sind damit auf ältere Weise modern, »wissenschaftlich« und nicht ganz auf der Höhe der nationalen Neubesinnung.

In Höhle 7 wurden nur griechische Fragmente gefunden.

Was für Texte wurden gefunden?

Von den 800 in den 11 Höhlen von Qumran gefundenen Rollen sind nur wenige, wie z. B. die Jesaja-Rolle aus Höhle 1, sehr gut erhalten. Der Umfang der einzelnen erhaltenen Rollen ist sehr unterschiedlich. Der größte zusammenhängende Text ist die sog. Tempelrolle mit einer Gesamtlänge von 9 m. Andererseits gibt es noch immer eine riesige Menge kleinster Schnipsel, die bisher unentzifferbar sind, weil sie oft nur ein bis zwei Buchstaben enthalten. Man versucht jetzt, mit einer neuen biologischen Methode, die sich an mikroskopisch feststellbaren Gen-Strukturen orientiert, zu ermitteln, was auf der jeweils als Schreibvorlage benutzten Tierhaut »organisch« zusammenhangen mußte. Vielleicht kann es so nach Jahren gelingen, noch den einen oder anderen Satz zu rekonstruieren.

Vier Gruppen von Texten kann man bei dem Gefundenen unterscheiden:

1. *Biblische Texte:* Sie umfassen etwa ein Drittel aller Funde. Alle Bücher des hebräischen Alten Testaments bis auf das Buch Ester sind vertreten. Viele Schriften sind in mehrfachen Exemplaren belegt. Da diese Funde mehr als eintausend Jahre älter als die bisher bekannten ältesten hebräischen Handschriften des Alten Testaments sind, haben sie besonderen Wert. Schon sehr bald hat man herausgefunden, daß die Abweichungen, die die Qumran-Handschriften gegenüber dem bis heute überlieferten hebräischen Text des Alten Testaments bilden, minimal sind, sie liegen weit unter 10%. Zum Vergleich: Die Textabweichungen innerhalb der Überlieferung des griechischen Neuen Testaments liegen bei 140000, hier gibt es also mehr Abweichungen als überhaupt Wörter!

2. *Außerbiblische religiöse Texte*, die man bisher bereits als *apokryphe Texte* kannte. Diese Texte waren zumeist in älteren orientalischen Übersetzungen bekannt und wurden aufgrund der Funde von Qumran im Original zugänglich. Dazu gehören zum Beispiel die aramäische Urfassung des sonst im wesentlichen nur äthiopisch überlieferten sog. äthiopischen Henochbuches und die hebräischen Fragmente verschiedener Exemplare des Jubiläenbuches, das vollständig ebenfalls bislang nur in äthiopischer Übersetzung bekannt war. Dazu gehören auch aramäische Fragmente des sog. Testaments des Levi.

Diese Schriften hatten sich deshalb in den östlichen Kirchen erhalten, weil sie dort zum Teil zum Kanon gehörten, so das Jubiläenbuch bei den Äthiopiern. Die hebräischen bzw. aramäischen Originale waren im Laufe der Zeit verlorengegangen, und oft bildeten griechische Übersetzungen die Vermittlung zu den orientalischen Kirchensprachen. Aber auch diese griechischen Zwischenstufen sind bis auf Fragmente verlorengegangen; manchmal existieren auch syrische oder lateinische Fragmente, so besonders beim Jubiläenbuch. Aufgrund der Textfunde von Qumran kann man nun Handschriften, die den Originalen wenigstens sprachlich näher stehen, einsehen. Auch hier machte man oft die Entdeckung, daß die Übersetzer der alten Schriften schon bei der Übersetzung ins Griechische so »genau« waren, daß dann auch im Äthiopischen noch immer der Eindruck einer sklavisch am Wortlaut orientierten Übersetzung entstehen muß.

Ein besonders interessanter Fall sind drei der hebräischen Lieder aus den Höhlen von Qumran, die man als drei der fünf von der syrischen Kirche seit alters zusätzlich im Kanon aufgeführten Psalmen 151–155 identifizieren konnte. Während die hebräische Bibel und die westliche Kirche nur 150 Psalmen kennt, wurden bei den Syrern immer schon 155 Psalmen gebraucht. Woher sie stammten, wußte man nicht. Nun aber, aufgrund der Funde von Qumran, kann man sagen, daß sie schon vor dem Entstehen des Christentums im Judentum gebetet wurden, also in der syrischen Kirche zum jüdischen Erbe gehören.

Interessant und wichtig ist auch eine Reihe von Zeugnissen, die zur Gattung der sog. Testamente und der Beschreibungen des himmlischen Jerusalem gehören.

3. *Religiöse Texte*, die man noch nie gesehen hatte und die *nur hier überliefert* sind: In der Wiederentdeckung dieser Zeugnisse des antiken Judentums besteht sicher der größte Gewinn. Besonders zu nennen sind hier die Schrift-

kommentare (Targumim und Midraschim), Hymnen und Segensworte, Weisheitstexte und die Texte, die sich auf die Organisation der Gemeinde bezogen. Eine eigene Gruppe bilden Texte, die im Rahmen frühjüdischer Mystik bezeugen, in wie hohem Maße das Judentum dieser Zeit bereits mystisch orientiert war. Schließlich gibt es Orakeltexte und andere Produkte magischer Volksreligion. – Zu dieser Gruppe gehört auch der in jüngster Zeit stark beachtete Text 4 QMMT (=4 Q 394–399).

4. *Schwer einzuordnende Texte* wie das »Gebet für Alexander Jannai (Jonathan)« (4 Q 448), astrologische Werke, Brontologien oder die Schatzrolle aus Höhle 3, Schreibübungen wie 4 Q 360 sowie die griechischen Fragmente aus Höhle 7, deren Identifizierung sehr schwierig ist, da es sich hier nur um Wort- und Buchstabenreste handelt.

Die griechischen Fragmente aus Höhle 7

Während man für 7 Q 02 ein Zitat aus dem »Brief des Jeremia« (nur in der griechischen Bibel) annehmen darf, nehmen einige Forscher für 7 Q 04 an, es handele sich um ein Zitat aus 1 Tim 3,16 und 4,1.3, für 7 Q 5, daß es sich um ein Zitat aus Mk 6,52–53 handelt. Besonders diese Hypothese, die sich auf eine höchst umstrittene Entzifferung stützt, hat Aufsehen erregt. Sie wurde gezielt ausgenutzt und polemisch gegen die gesamte kritische Evangelienforschung gewendet, und zwar aus folgendem Grund: Da Qumran im Jahre 70 zerstört wurde, man dieses Datum also als Eckdatum für das Unterbringen von Handschriften in den Höhlen ansah, müßten die betreffenden neutestamentlichen Texte vor dem Jahre 70 entstanden und schon recht weit verbreitet gewesen sein. Bisher rechnen jedoch viele Exegeten damit, daß die Evangelien erst nach 70 n. Chr. entstanden sind. Dazu ist zu bemerken:

1. Es ist kein Neutestamentler bekannt, der 7 Q 04 und 7 Q 5 für neutestamentliche Texte hält. Der Buchstabenbestand läßt ein sicheres Urteil nicht zu.
2. Selbst wenn man sich dazu entschließen könnte, diese Fragmente für neutestamentlich zu halten und die obengenannten Identifizierungen anzunehmen, wäre damit noch nichts Aufregendes gewonnen, weil folgendes zu bedenken ist:
   a) Niemand kann beweisen, daß nicht auch nach 70 n. Chr. Menschen ihre Handschriften in Höhlen dieser Gegend deponiert haben. Aus den Höhlen des Wadi Muraba'at z. B. gibt es auch lateinische und arabische Fragmente. Besonders deshalb, weil Höhle 7 nur griechische Fragmente enthielt, wäre eine isolierte spätere Benutzung leicht vorstellbar.
   b) Selbst wenn die Fragmente in Höhle 7 vor 70 dort deponiert worden wären, bedeutete das keine Revolution.

Denn für das Markusevangelium nimmt die Mehrzahl der Forscher ohnehin eine Entstehung vor dem Jahre 70 an, und auch für viele andere neutestamentliche Schriften ist ein Trend zur Frühdatierung in der Forschung unübersehbar. Man muß bedenken, daß keine einzige neutestamentliche Schrift sich wirklich sicher datieren läßt. Man rechnet damit, daß Petrus und Paulus um 65 bis 67 n. Chr. den

Märtyrertod gestorben sind. Warum sollten nicht die Pastoralbriefe bereits kurz nach dem Tod des Paulus entstanden sein? Man überlege doch einmal, was bei uns in drei bis vier Jahren alles geschehen kann. – Aber es wird kaum nötig sein, sich alles dieses vorzustellen, denn die Grundlage für die gewagten Thesen ist über die Maßen schmal. Abgesehen davon, daß man nicht nur eine ganze Reihe von Verschreibungen annehmen müßte, gilt zusätzlich: Der Markustext würde »nur dann in die beiden letzten Zeilen« passen, »wenn eine kürzere Fassung angenommen wird«.[4] An der These wird freilich weniger die Datierungsfrage an sich als aufregend empfunden als die Behauptung, daß sich überhaupt Spuren des frühen Christentums in Qumran finden sollen.

4 Maier, *Die Qumran-Essener*, Bd. 1, S. 322.

Die Texte

Die wichtigsten Texte aus Qumran

Unter den rund 800 zumeist nur teilweise erhaltenen Schriften gibt es einige, die inhaltlich bedeutsamer sind als andere. Diese werden hier aufgeführt. Die Abkürzungen werden erläutert, der Inhalt wird kurz angegeben. Es hat sich eingebürgert, zunächst mit einer arabischen Ziffer plus Q die Höhle zu bezeichnen, aus der eine Schrift stammt. Daher: 1 Q, 4 Q (aus Höhle 1, aus Höhle 4). Die Höhlen wurden in der Reihenfolge ihrer Entdeckung benannt. Sodann folgt mit großen oder kleinen Buchstaben das Kürzel für die betreffende Schrift, also 1 QH (die Hymnenrolle, hebr. *hodayoth*). Ist sie in mehreren Exemplaren vorhanden, so wird das durch hochgestellte kleine Buchstaben markiert, also 4 Qmessar^{a} (aus der 4. Höhle, eine Schrift über den Messias in aramäischer Sprache, erstes Exemplar). Ein kleines p nach dem großen Q bedeutet »pescher«, eine besondere Art von Bibelkommentierung, bei der zunächst die zu kommentierende Stelle kurz zitiert, dann direkt anschließend ausgelegt wird.

CD (»**C**airo **D**amascus Document«): Damaskusschrift (nicht nach Höhle 4 benannt, weil schon zuvor aus einer Kopie in der karäischen Geniza von Alt-Kairo bekannt). Die am besten erhaltene HS ist 4 Q D^{a} (vgl. die Fragmente in 4 Q 266–273, 5 Q und 6 Q): Bundesfest, Geschichtsüberblicke, Einzelregelungen.

1 QGenAp (Genesis Apokryphon): Midrasch zur Genesis
1 QH (*hodayoth*): Hymnen
1 QM (*milchamah*): Kriegsrolle
1 QpHab: Pescher zum Propheten Habakuk
1 QS: Sektenregel, »Ordnung für die Gemeinschaft«; enthält: 2-Geister-Lehre und Disziplinarordnung; Fragmente auch in Höhle 4 (4 Q 255–264)
1 QSa: »Gemeindeordnung«
1 QSb: Benediktionen, Segenssprüche
3 Q 15: Kupferrolle, Schatzverzeichnis
4 Q 161–165: Jesaja-Kommentar
4 Q 166–167: Hosea-Kommentar
4 Q 169: Nahum-Kommentar
4 Q 170: Zefanja-Kommentar
4 Q 171: Psalmenkommentar a
4 Q 173: Psalmenkommentar b
4 Q 174=4 Qflor: Florilegium (kommentierte wichtige Schriftstellen)
4 Q 175=4 Qtest: Testimonia (wichtige Passagen aus der Bibel)
4 Q 201–202.204–207.212: Fragmente aus aramäischen Henochbüchern, zu vergleichen mit dem bekannten äthiopischen Henochbuch
4 Q 203=4 QEnGiants^{a}: Gigantenbuch, aram. (nicht traditionell bekanntes Henochmaterial)
4 Q 208–211: Astronomisches Henochbuch (vgl. Hen [äth] 72–79.82, aber neue Kalendertexte)
4 Q 213–214=4 QTestLev^{a-b} (aram.): Testament des Levi, aus einzelnen griechischen Hss. zum griechischen Testament des Levi aus den Testamenten der Zwölf Patriarchen bekannt (Ed. de Jonge)

4 Q 215=4 QTNaph[tali]: im Griechischen nicht bekannte Passagen aus dem Testament des Naphtali (aus den Testamenten der Zwölf Patriarchen)
4 Q 216–224=4 QJub^{a-h}: Texte aus dem Jubiläenbuch (sonst äth. und lat. erhalten)
4 Q 225–227=4 QPs–Jub^{a-c}: Texte nach Art des Jubiläenbuches
4 Q 242=4 QPrNab ar/Or Nab (aram.): »Das Gebet des Nabonid«
4 Q 246=4 QApocalypse ar=4 QpsDan A^{a} (aram.): apokalyptische Geschichtsdeutung, hier der bekannte Passus »seinen Sohn, da er (der König) Gott genannt wird und man ihn als Sohn des Höchsten benennen wird«
4 Q 252=4 QpGen^{a}=4 QPatr[iarchensegen]: Textesammlung aus dem Buche Genesis
4 Q 286–290 Berakot: Segenssprüche
4 Q 299–301=4 QMyst: Buch der Geheimnisse (apokalyptischer Traktat)
4 Q 320–330 Mismarot: Kalendertexte
4 Q 394–399=4 QMMT: Monatstage für die Sabbate, rituelle Regeln, aktueller politischer Teil. Einige Forscher nehmen den »Lehrer der Gerechtigkeit« als Verfasser an, aber das ist nicht zu erweisen.
4 Q 400–407=4 QShirShab: Sabbatliturgie (Funde auch auf Masada=Ms. Masada)
4 Q 408.416–421.423 426: Weisheitliche Schriften
4 Q 510–511: Lied des Weisen
11 Q 13=11 QMelch: Endzeitereignisse mit dem Auftreten eines neuen Melchisedek und eines Verkündigers der Frohbotschaft
11 Q 19: Tempelrolle (rituelle Regeln)

Wir gehen im folgenden nicht den üblichen oder nach dem allgemeinen Kenntnisstand zu erwartenden Weg, mit der sog. Sektenregel zu beginnen. Dadurch wurde und wird immer wieder der Eindruck erweckt, auch alle »übrigen« Texte aus Qumran seien nur im Horizont einer klösterlich lebenden Essener-Sekte in den Mauern von Qumran zu verstehen. Wir folgen diesem Entwurf – aus begründeter Skepsis – nicht, um eine neue, noch verwegenere Lösung aufzutischen, sondern um die verfestigte Situation in der Forschung aufzulockern und nicht immer nur alte Pfade neu zu beschreiten. Denn die Erforschung der Gesamtheit der Qumrantexte hat jetzt – nachdem alle Texte zugänglich sind – gerade erst begonnen. Wie sollte das alles zu bewältigen sein mit Hypothesen, die in den fünfziger Jahren anhand weniger Texte entwickelt wurden, die damals gut zueinander zu passen schienen?

Mystische Texte

Zu den großen Überraschungen der Funde aus den Höhlen bei Qumran gehören Texte, die als frühe Vorläufer der jüdischen Mystik der himmlischen Hallen bezeichnet werden müssen. Hierzu gehören Teile der sog. Sabbatliturgie aus Höhle 4 und die »Engel-Liturgie« aus den Funden auf Masada. – Derartige Texte waren bisher erst aus dem frühen Mittelalter bekannt, und zwar unter dem Namen Hekhalot-Mystik. Das bekannteste Zeugnis daraus war bislang das sog. Dritte Henochbuch (Hebräisches Henochbuch). An diesem Text wird besonders gut erkennbar, worum es auch schon in den Zeugnissen aus Qumran geht:

Gott ist im Himmel nicht allein für sich, sondern der Himmel ist ein unvorstellbar großer Raum, und wer zu Gott gelangen will, muß diesen Raum durchqueren. Die Wanderung durch diesen riesigen Raum führt an wichtigen und großen Repräsentanten Gottes vorbei, an herrlichen Engeln, die jeweils selbst durch unvorstellbare Räume voneinander getrennt sind. In ihrer sich steigernden Herrlichkeit sind sie gewissermaßen Vorstufen der absolut unbegreiflichen Herrlichkeit Gottes selbst. So ist der Weg des Menschen zu Gott ein Weg durch diese je größeren Herrlichkeiten.

Die religionsgeschichtliche Bedeutung dieser Texte besteht in folgendem:

1. Hier gibt es frühe Zeugnisse für eine Frömmigkeit, die gnostische Theoriebildung von Anfang an praktisch unterlaufen konnte. Denn auch in der Gnosis ging es um das Problem des Abstandes zwischen Gott und Welt und seiner Überwindung.

2. Diese Texte orientieren sich nicht nur an einem »Jenseits«, sie fragen nach der Wirklichkeit der Gottesvorstellung für Menschen, die in der Welt leben. Weder Tempelkult noch das »Gesetz« (die Torah), noch die zukünftige Eschatologie spielen eine nennenswerte Rolle, vielmehr allein die Frage nach dem Königtum und der unsagbaren Herrlichkeit des einen Gottes. Diese beiden Themen sind auch im Neuen Testament zentral.

3. Die mystischen Texte sagen etwas zu der Frage, wie Gott jetzt gegenwärtig sei. Im Nominalstil der litaneiarti-

gen Texte wird erkennbar, daß jede Unruhe und Dramatik aufgehoben ist. Das tägliche Gericht im Himmel, das geschildert wird, soll zeigen, wie intensiv sich Gott der Welt zuwendet.

4. Die Beschreibung der himmlischen Wesenheiten mit Hilfe surrealistischer ästhetisch-visionärer Kategorien soll in zweifacher Weise Gottes unsagbare Herrlichkeit dokumentieren: Mit der Anzahl der Engelsfürsten nimmt auch ihre Herrlichkeit zu sowie auch der Abstand zueinander. Wenn diese Fürsten schon Gott anbeten, um wieviel größer muß dann der sein, den sie anbeten. Und ferner: Durch die Art der Schilderung der »Vorzimmer« Gottes bekommt seine Wesenheit selbst einen ästhetisch ungegenständlichen und zugleich unwirklichen Charakter.

5. Die Beschreibung der jede Wahrnehmung übersteigenden Herrlichkeit Gottes soll offenbar eigentümlich religiöse Ebenen im Menschen anrühren, die dem Torah-Gehorsam, ihn motivierend, vorausliegen. Es geht um die Frage nach Gott und wie er zu erfahren sei. Die Antwort auf diese Frage wird durch eine zu lesende Schrift gegeben. Von daher entsteht die Frage nach der eigentümlichen Rhetorik solcher mystischen Traktate. – Die Beziehungen zwischen der jüdischen Mystik und der frühen monastischen Mystik, z.B. des Ps.-Dionysius Areopagita in seiner »Hierarchie des Himmels« sind erst noch darzustellen.

6. Den Leser direkt betreffen folgende Themen: die Unwürdigkeit des Menschen, seine Gefährdung angesichts Gottes, die Erwählung einzelner (z.B. Metatrons), die Er-

fahrung von Ordnung in der Welt, die der sichtbaren vorausliegt (also: Ordnung im Himmel, Erschaffung der Welt nach Buchstaben).

7. Die Engelwesen weisen als Personen auf die Personalität Gottes selbst (ungeachtet der großen Unterschiede im antiken und modernen Personbegriff). Sie können hören, haben einen Namen wie er. Wer mit ihnen in einer einzigen, lobpreisenden Gemeinschaft vor Gott steht, trägt und garantiert mit ihnen die wahre, verborgene Ordnung der Welt. Diese Ordnung wird durch Betrachten eingeübt. Weil die Gemeinschaft mit den Engeln so stark betont wird, haben wir in den Hymnen von Qumran jedenfalls nicht Zeugnisse einer individuellen Mystik. Sowohl die Visionen als auch die litaneiartig aufgebauten Texte sind im Vollzug Aneignung von Ordnung und Sinn. Das mögen zwei Beispiele aus Höhle 4 verdeutlichen:

> »... die Zunge des Ersten ist stärker, siebenfach, als die Zunge des nächsten nach ihm und die Zunge des nächsten nach ihm ist stärker als die des Dritten nach ihm und die Zunge des Dritten ist stärker, siebenfach, als die des Vierten nach ihm, und die Zunge des Vierten ist stärker, siebenfach, als die Zunge des Fünften nach ihm, und die Zunge des Fünften ist stärker, siebenfach, als die Zunge des Sechsten nach ihm, und die Zunge des Sechsten ist stärker, siebenfach, als die Zunge des Siebten nach ihm, und die Zunge des Siebten ist stärker als ... Heiligtum«.
> (4 Q 405 Fragm. 11; Maier II,403)

> »Der Fünfte von den Fürsten des zweiten Ranges von wunderbarer Art preise im Namen Seiner Wunder ...

Reinheit mit sieben Erhebungs-Worten von Reinheit und er preist alle Bereitwilligen für den Willen seiner Wahrheit mit sieben Worten von wunderbarer Art. Und preist alle für ihn mit sieben Worten der Majestät seiner Herrlichkeit. Der Sechste vom zweiten Rang der Fürsten von wunderbarer Art preise im Namen der Machterweise Gottes alle Helden von Verstand in der Erkenntnis von Ewigkeiten mit den sieben Worten der Machterweise seines Wunders. Und er preist alle Vollkommenen des Wandels mit sieben Worten von wunderbarer Art mit allen ewigen Wesenheiten …«

(4 Q 405 Fragm. 13)

Gebete, Hymnen, Lieder

Historische Einführung

Auch vor der Entdeckung der Texte aus Qumran war bekannt, daß das Judentum zwischen dem 3. Jh. v. Chr. und dem 1. Jh. n. Chr. einen großen Schatz an Gebeten, Hymnen und Liedern aufgehäuft hatte. In diesen Texten aus unmittelbar praktizierter Frömmigkeit liegt der größte geistliche Reichtum des Frühjudentums. Bislang wußte man das aus den Sammlungen neuer »Psalmen« und Lieder und aus »poetischen« Einschüben in apokryphe Schriften. Auch die Lieder am Anfang des Lukasevangeliums, *Magnificat*, *Nunc Dimittis* und *Benedictus*, sind in diese Zeugnisse eindrucksvoller frühjüdischer Frömmigkeit einzureihen.

In der Höhle 4 von Qumran hat man Reste von Hunderten formulierter Gebete gefunden, die für jeden einzelnen Tag des Jahres gedacht waren. Leider sind die Fragmente der Gebete schlecht erhalten, so daß kaum ein einziger zusammenhängender vollständiger Text bewahrt worden ist. Anders sieht es dagegen mit den »Hymnen« (Psalmen, Liedern) aus den Höhlen 1, 4 und 11 aus. Die über einhundert Dokumente sind zum großen Teil recht gut erhalten und erhellen unser Bild von der Frömmigkeit zur Zeit Jesu ungemein.

Theologisch weisen diese Lieder eine starke Polarisierung der Inhalte auf. Zum einen werden menschliche Not und Armseligkeit, Bedrängnis und kreatürliche Nichtigkeit sehr kraß geschildert. Die Lieder sind in dieser Hinsicht sehr expressiv und berühren durch ihren krassen Realismus. Das gilt sowohl für die Bedrängnis durch Gegner und Feinde als auch bezüglich der Situation des Menschen vor Gott. Dagegen ist die Bedeutung der außermenschlichen Schöpfung in den Hymnen von Qumran reduziert.

Verfasserfrage

Als Verfasser dieser Lieder dachte man sich lange Zeit den sog. »Lehrer der Gerechtigkeit« persönlich. In der Tat sind viele der Hymnen im Ich-Stil formuliert, und der Beter erzählt von seiner Bedrängnis durch die Menschen einerseits und von seiner besonderen, geheimnisvollen Auserwähltheit andererseits. Doch aufgrund dieser Indizien kann man die Lieder kaum mit irgendeiner Sicherheit dem Lehrer der Gerechtigkeit zuschreiben. Der Ausdruck kommt hier auch gar nicht vor. Typisch ist für einige Lieder das Gegenüber eines »Lehrers« zu Menschen, denen er die frohe Botschaft gebracht hat. Wie bei manchen Gottesknechtsliedern aus dem Buche Jesaja kann man überlegen, ob diese Lieder eine Einzelfigur meinen oder auch einen erwählten Rest des Volkes; jedenfalls aber ist es angesichts dieser Analogien bei Jesaja nicht nötig und auch nicht möglich, hier historisierende Identifizierungen mit bestimmten Figuren vorzunehmen:

»Und du, mein Gott, hast mich gemacht
zum schattendichten Gesträuch,
zur heiligen Gemeinde,
und du hast mich unterwiesen in der Ordnung
deines Bundes,
und ich rede, wie deine Jünger es tun.«
(1 QH 7,10)

»Ich soll aller Kreatur künden
von dem, was ich begreifen konnte,
und Dolmetscher sein
für diese Einsicht
bei denen, die Staub sind wie ich,
und dem, der ein Gebilde aus Lehm ist,
wieder zu zeigen seinen Weg
und den Ausweg aus der Sünde zu weisen
dem, der von einer Frau geboren,
einen Ausweg aus seinen Taten.
Ich soll auftun die Quelle deiner Treue
für die Kreatur, die du trägst mit deiner Kraft.
Ich soll den Gebeugten die frohe Botschaft verkündigen,
daß du dich reichlich erbarmst.«
(1 QH 18,11–14)

Zum Stichwort »Dolmetscher«: Auch nach 4 Q 227 benötigen die Menschen, die Gott so nahe sein dürfen, keinen Dolmetscher (anders die Erfahrung von Röm 8,26–28!).

Die Psalmen aus Höhle 11 weisen die auch in kanonischen Psalmen üblichen Verfassernamen auf (David, Manasse).

Das Bild der Frau

Die schlechthin typische Rolle des Menschen vor Gott wird immer wieder an Frauen verdeutlicht. Der Mensch vor der Erlösung, über den die Engel lästern, ist der »von der Frau geborene«. Menschliche Not, Bedrängnis, Kreatürlichkeit und Unterschiedenheit von allem Göttlichen wird besonders an Frauengestalten sichtbar.

Eindrucksvoll ist auch ein Klagelied, in dem Jerusalem mit einer von ihrem Mann verlassenen Frau verglichen wird:

»Wie einsam liegt die Stadt da!
Die Prinzessin aller Völker ist verlassen
wie eine im Stich gelassene Frau,
und alle ihre Töchter sind verlassen
wie eine im Stich gelassene Frau,
wie eine Frau, die verletzt ist und verlassen
von ihrem Mann.
All ihre Plätze und Mauern sind
wie eine unfruchtbare Frau,
und wie eine schutzsuchende Frau
sind alle ihre Gassen.
Alles ist voll Bitterkeit wie bei einer Frau,
und alle ihre Töchter sind wie Frauen,

die um ihre Männer trauern.
Alles bei ihr ist wie bei Frauen,
denen man ihr einziges Kind genommen.
Weine, weine, Jerusalem.
Tränen fließen über ihre Wangen
wegen ihrer Kinder.«
(4 Q 179, hebr. nach DJD 7,186)

Andererseits kann dieser sehr expressive Psalm mit der Schilderung des Kreißens bei der Geburt zum Bild menschlicher Not werden:

»Du hast mir das Angesicht erleuchtet.
Aber sie bedrängen mich
wie die Wellen das Schiff auf hoher See
und belagern mich
wie der Feind die befestigte Stadt.
Ich war in Nöten
wie eine Frau, die ihr erstes Kind gebiert,
wenn Wehen überfallen sie,
und wahnsinniger Schmerz leitet ihre Wehen ein
und durchzuckt den Leib der Gebärenden.
Denn Stoß gesellt sich zu Stoß,
bis vor Wehen Todesangst sie überfällt ...«
(1 QH 3,6–9)

Physische Not

Ein anderes Bild menschlicher Not schildert die Peinigungen des Martyriums bis in die Einzelheiten und wird so zu einem auch heute bewegenden Dokument:

»Ich verstumme,
mein Arm ist aus seinem Gelenk gebrochen,
und mein Arm ist im Sumpf versunken.
Blind sind meine Augen,
weil ich das Böse mit ansehen muß …
und alle Grundfesten meines Hauses bersten.
Mein Körper ist wie zerhackt,
meine Glieder baumeln herunter an mir
wie ein führerloses Schiff im wilden Sturm.«
(1 QH 7,1–5)

Die Herrlichkeit des Himmels

Zum anderen schildern die hymnischen Texte die Herrlichkeit der himmlischen Welt. Auch hier ist die Intensität der Wahrnehmung himmlischer Herrlichkeit neu gegenüber den kanonischen Psalmen. In einigen Texten finden wir einen Nominalstil, wie er aus späteren Litaneien bekannt ist.

»Herr, bei dir sind
dein herrlicher Thronsitz
und der Fußschemel deiner Herrlichkeit
in der Höhe, wo du wohnst.
Dort ist dein Heiligtum,
und dort sind die Thronwagen deiner Herrlichkeit
… und dort sind alle deine Geheimnisse:
Bauwerke aus Feuer,
Flammen deines Lichtes,
Glanz der Ehre,
Feuer aus Licht

und wunderbare Lichter;
Ruhm und Glanz,
Erhabenheit und Herrlichkeit,
heilige Ordnung,
Ort des Glanzes
… Sitz des Wissens,
Quell der Einsicht
und Quell der Klugheit;
heilige Weisung,
beständige Ordnung,
Schatz der Klugheit
für alle Gerechten.«

(4 Q 286/287 Fragm. 1, hebr. nach Wise-Eisenman)

Neu ist auch, daß mit bestimmten himmlischen Farben gerechnet wird (Gold, Weiß, Rot). Hier hat auch die spätere Kunstgeschichte wichtige Impulse erhalten.

»An ihren wunderbaren Stätten sind Engel,
vielfarbig wie das Werk eines Webers,
mit herrlichen Mustern.
Mitten in einer Erscheinung in herrlichem Rot,
der Farbe des heiligsten Lichtes der Engel,
stehen sie fest in heiliger Ordnung vor dem König,
Engel in reinen Farben
mitten in der Erscheinung weißen Lichts.
Und die Gestalt des Engels der Herrlichkeit
ist wie ein Kunstwerk von strahlendem Feingold.
All ihre klaren Muster sind gemischt
wie das Werk eines Webers.«

(4 Q 405,23,2,7 ff. Newsom)

»Über ihnen [Engeln] erscheinen Ströme von Feuer
wie leuchtendes Messing
und ein Strahlen in vielfarbiger Herrlichkeit
aus wunderbar reinen Farbtönen gemischt.
(4 Q 405,20,2,21–22 Newsom)

»Mitten unter den glanzvollen Engeln
ist ein Werk in wunderbaren Farben:
Gestalten der lebendigen Gottwesen
in der herrlichen Wohnstatt Gottes.«
(4 Q 405,14–15 Newsom)

Da die himmlische Welt eine andersartige, nur zweidimensionale Körperlichkeit besitzt, werden die Gegenstände auch nicht räumlich (in unserem Sinne), d.h. dreidimensional, gedacht, sondern nur zweidimensional, so daß zwischen einem Engel und der flächenhaften künstlerischen Darstellung eines Engels auf der Wand eines himmlischen Palastes kein Widerspruch zu bestehen scheint. Diese Darstellungsweise des Himmels erhält sich bis in die romanische Wand- und Buchmalerei. Diese Auffassung spiegelt der folgende Text:

»Gestalten der leuchtenden Engel –
all ihre Werke sind wunderbar verbunden,
Engel in vielen Farben,
Abbildungen der Gottwesen,
eingeritzt im Rund der herrlichen Ziegelsteinmauern,
herrliche Gestalten auf Ziegelsteinen,
Glanz und Majestät.
All ihre Bilder sind herrliche Gottwesen.«
(4 Q 405,19 A–D Newsom)

Der Mensch – unter die Engel erhöht

Die Hymnen der sog. Hymnenrolle aus Höhle 1 von Qumran verbinden zum Teil die Aussagen über die menschliche Nichtigkeit mit solchen über die überraschende und überwältigende Begnadung des Menschen und seine Erhebung in den Kreis der Engel. So fragt die Gruppe der singenden Menschen angesichts der Engel:

»Wie soll man uns zu ihnen rechnen können?
Was gilt unser Priestertum an ihrem Ort?
Und wie kann man unsere Heiligkeit vergleichen
mit ihrer überragenden Heiligkeit?
Was ist das Lobopfer unserer aus Staub geformten
Zunge
angesichts der Erkenntnis der Gottwesen?
Laßt uns verherrlichen den allwissenden Gott,
denn sein Verstehen übersteigt
das Verstehen all derer, die allwissend sind.«
(4 Q 400,2 Newsom)

Dahinter steht eine ausgeprägte theologische Konzeption. »Von Natur aus« kann der Mensch noch nicht einmal seinen Mund auftun. Doch Gott legt ihm, und zwar durch den Heiligen Geist, Lieder in den Mund, eben die in der Hymnenrolle aufgezeichneten Lieder. Dank dieser gnadenvollen Begabung ist der Mensch dann in der Lage, vor Gottes Angesicht zu erscheinen und Gott im Kreis der heiligen Engel zu loben. Das Loblied selbst ist ganz Gnade, es ist Antwort des Menschen, aber doch als Antwort schon immer Geschenk.

»Gelobt bist du, Gott.
Du bist barmherzig und gnädig.
Groß ist deine Macht
und stark deine Treue …
ich habe gebaut auf dein Erbarmen.
Gelobt bist du, Herr, daß du solches getan
und Lobpreis gelegt in den Mund deines Sklaven
und daß ich flehen und dir antworten kann.«
(1 QH 11,29–34)

»Gelobt bist du, Herr,
barmherziger Gott
und reich an Gnade.
Denn du hast mir kundgetan
deine Wundertaten.
Tag und Nacht soll mein Lied nicht verstummen,
dir zu singen …
und ich will erzählen deine Wundertaten …«
(1 QH 10,14–16)

Typisch für diese Inspirationsauffassung ist etwa 4 Q 504 (DJD 7,145): »Du hast den Geist deiner Heiligkeit auf uns gelegt, damit wir darbringen deine Segnungen.«

Der Beter oder Sänger dieses Liedes steht in seinem Gottesdienst daher – dank des Liedes, das ihm geschenkt wurde – direkt vor Gott und er gehört zur Familie Gottes um dessen Thron herum. Daß er singen darf und kann, ist Ausdruck und Vollzug seiner Erlösung. Von dieser Auffassung her ist bis heute, ohne durch den neutestamentlichen Kanon vermittelt zu sein, die sog. Präfation, das Einleitungsgebet zum »Heilig, heilig, heilig …«, im katholischen und lutherischen

Abendmahlsgottesdienst geprägt. Denn dort heißt es am Ende des Gebetes, das mit den Worten »Es ist in Wahrheit würdig und recht ...« beginnt, daß die Gemeinde, vereint mit Cherubim und Seraphim, Engeln und Erzengeln, den Lobgesang von Gottes Herrlichkeit »mit einer Stimme« singe. Diese Gemeinschaft von Menschen und Engeln im Kult findet sich im Alten Testament so noch nicht, sie ist von der hellenistisch-jüdischen Diaspora in die Alte Kirche übernommen worden. – Es ist freilich eine klerikale Vorstellung vom Himmel. Sympathisch erscheint an ihr die Auffassung vom so ermöglichten (angst)freien Zugang zu Gott. Problematisch ist die Einseitigkeit der Wirkungsgeschichte. Denn in der Konsequenz dieses Ansatzes liegt eine nur kultisch-klerikale Gestalt der ewigen Seligkeit und ein Verlust an »Vitalität« in den Bildern christlicher Hoffnung.

In den Liedern aus den Qumrantexten wird ein Teil dieser Einstellung in der Basis vorbereitet. Da das Lied von Gott kommt, ist es ein Stück von Gott selbst geschenkter Rüstung gegen die Widersacher des Menschen. Da auch die sprachliche Komposition des Liedes von magischer Undurchdringlichkeit ist, demonstriert es die Unverletzlichkeit des Gerechten. Zusätzlich schließt es ihn ganz eng an Gottes Throngenossen, eben die Engel, an. Dazu folgende Texte:

»Du läßt kommen deine Treue und Herrlichkeit
auf alle, die zu deiner Gemeinde gehören,
dort, wo sie gemeinsam mit den Engeln sind,
die vor deinem Angesicht stehen
und wo deine Heiligen keinen Dolmetscher brauchen.
(1 QH 6,12–13)

Das Flüstern Gottes

Im Unterschied zum Gesang der Menschen und Engel ist Gottes himmlisches Wesen noch einmal von ganz anderer Art. Daher ist seine Stimme im Kontrast zu ihrem Gesang als Flüstern vorgestellt:

»Die Cherubim fallen vor ihm nieder
und lobpreisen ihn.
Wenn sie aufstehen, flüstert Gott
mit leiser Stimme
und mit lautem Lobpreis antworten sie.
Wenn sie ihre Flügel senken,
flüstert Gott mit leiser Stimme.«
(4 Q 405,20,2,21 ff. Newsom)

Aber auch innerhalb derer, die Gott lobpreisen, kann ein Lobpreis im Verhältnis zu anderen wie Flüstern wirken:

»Der Ton des jubelnden Lobes wird zu Schweigen,
und das Lob der Gottwesen wird zu Flüstern
in allen Regionen Gottes.
Und alle lobpreisen, wenn sie abgezählt sind,
jeder, wenn er an der Reihe ist.«
(Ebd.)

Man kann sagen, daß in den Psalmen von Qumran wesentliche Elemente der paulinischen Auffassung von der Gnade vorbereitet sind. Dazu folgende Texte:

»Was ist der von einer Frau geborene Mensch
unter all deinen wunderbaren Werken?

Er ist wie ein Mauerwerk von Staub
und ein Gebilde, aus Wasser geknetet …
Nur durch deine Güte
wird der Mensch gerecht,
und durch dein großes Erbarmen wird er rein.
In deinem Glanz läßt du ihn erstrahlen.«[5]
»Was ist der von einer Frau geborene Mensch
unter all deinen wunderbaren Werken?
Er ist aus Staub und mit Wasser geknetet,
sein Planen nimmt ein schmähliches Ende,
und ein verdrehter Geist herrscht in ihm.
Nur wenn du gütig bist,
kann ein Mensch Gerechtigkeit erlangen,
und wenn du dich reichlich erbarmst …«
(1 QH 13,14–17)

Zweck der Psalmendichtungen

Zu welchem Zweck und an welchem Sitz im Leben wurden die Hymnen von Qumran gebetet oder gesungen? Hymnen sind gerade im Frühjudentum als Teil des Gottesdienstes im Tempel bezeugt (die Sängergilden erhalten unter Herodes Agrippa das weiße Gewand und damit priesterlichen Status, vgl. Josephus a 20,216ff.; 1–2 Chr könnte man eine »Tendenzschrift zugunsten der Leviten und Tempelsänger« nennen); eine grundsätzliche Tempelferne und -feindschaft in den Qumrantexten anzunehmen, verbietet sich m. E.

Philo von Alexandrien bezeugt auch die Praxis nächtli-

5 Vgl. dazu *Revue de Qumran* 13 (1988) S. 59ff.

chen Hymnengesangs nach den Mahlfeiern der »Therapeuten«, so in seiner Schrift *Über das betrachtende Leben* (VitCont, besonders §§ 84.87). Gesang beendete auch die Feier des Passahmahles, später festgelegt als sog. »kleines Hallel« (Ps 114–118, vgl. Mk 14,26).

Gebetet bzw. gesungen wurde auch beim Besuch des Tempels: »Morgens, mittags und abends in den Tempel gehen um des Preises des Schöpfers willen« (Hen[slav] 51,4). Die erhaltenen täglichen Gebete aus Höhle 4 beziehen sich zumeist auf Morgen- oder Abendgebet:

»Am Abend sollen sie lobpreisen:
Gelobt sei der Gott Israels.
Du hast uns kundgetan die Lobgesänge deiner Herrlichkeit
zu allen Stunden der Nacht.
Friede sei dir, Israel.

Und wenn sich die Sonne erhebt, die Erde zu erleuchten,
sollen sie lobpreisen:
Gelobt sei der Gott Israels.
Er läßt uns erkennen den Plan seiner großen Einsicht
und Teile des Lichts, damit wir die Zeichen verstehen.«
(4 Q 503,51–53, hebr. DJD 7)

»Bei Aufgang der Sonne am Himmelsfirmament sollen sie beten:
Gelobt sei der Gott Israels.
Heute hat er erneuert im vierten Tor das Licht
und die Wärme der Sonne,
bis sie vorübergeht

durch die Macht seiner mächtigen Hand.
Friede sei dir, Israel.«
(Berger, S.144)

Generell kann man auch sagen, daß die Hymnen wie die Psalmen des Alten Testaments im Frühjudentum zu apotropäischen Zwecken rezitiert wurden. Die in den Psalmen sehr häufig genannten Feinde und ungerechten Gegner des Frommen werden im Frühjudentum weniger mit menschlichen Feinden als vielmehr mit Geistermächten identifiziert. So wird David, einer der häufigst genannten Psalmendichter, zum Dichter von Liedern, mit denen böse Geister, z. B. der böse Geist Sauls, vertrieben werden. Auch das Neue Testament bezeugt diese Lesart der Psalmen, da z. B. die Feinde, die der Herr dem zu seiner Rechten Sitzenden zu Füßen legt, mit den Mächten und Gewalten gleichgesetzt werden, die der erhöhte Christus überwindet bzw. die Gott der Herr ihm unterwirft. Immer wieder werden die Mächte und Gewalten, über die Jesus bei seiner Erhöhung bzw. Himmelfahrt hinaufsteigt, mit den Gegnern der Menschen gleichgesetzt, die diese anklagen und ihnen mangelnde Vollkommenheit vorwerfen. Der ganze Sinn der Erhöhung Jesu wurde ebendarin gesehen, über solche Feinde des Menschen hinaus erhoben zu werden.

Segenssprüche

Neben den Hymnen aus den Höhlen von Qumran stehen – etwa gleichrangig, aber leider weniger zahlreich erhalten – die Segensgebete, die, wie die Hymnen, oft alttestamentliche Vorstufen aufnehmen und ausbauen. Auch hier ist die apotropäische Funktion evident, sie wird direkt vom Sprecher selbst vollzogen.

»Es segne dich der Herr
aus seinem Heiligtum.
Und er tue dir auf vom Himmel her
die ewige Quelle, die nicht lügt.
Er sei dir gnädig
mit allem Segen des Himmels,
und er lehre dich
im Kreis der heiligen Engel.
Er verschließe nicht
das lebendige Wasser
den Durstigen.
Er befreie dich
aus allem Haß. Amen.

Der Herr sei dir gnädig.
Er mache dich fröhlich mit allem Guten,
er sei dir gnädig mit heiligem Geist.
Er sei dir barmherzig.
Er sei dir gnädig
in gerechtem Gericht,
daß du nicht stolperst.
Er sei dir gnädig in allen deinen Werken
Er sei dir gnädig mit ewiger Treue.«
(1 QSb 1,3b ff.)

Dieses Segensgebet ist aus folgenden Gründen typisch für die Religion des Frühjudentums: Gottes »Ort« ist das himmlische Heiligtum. Damit ist der grundsätzliche Horizont der Gottesvorstellung priesterlich-kultischer Art. – Die häufig belegten Bilder um das Metaphernfeld ›Wasser‹ und ›Trinken‹ weisen auch in das Neue Testament, z. B. auf Joh 4 und 7. Angesichts der geographischen Gegebenheiten Palästinas hing alles Leben vom Wasser ab. Der Zusatz »die nicht lügt« entspricht dem Johanneischen »wahr« (z. B. in der Wendung »der wahre Weinstock«), beides wird im Sinne der Stabilität und Echtheit der Welt Gottes gebraucht. – Zur Umgebung von Gottes Thron paßt auch der Kreis der heiligen Engel. Der begnadete Mensch steht als Beter und Sänger der Gebete und Hymnen im Kreis der Engel vor Gottes Thron. In diesen Kreis ist er durch Gottes huldvollen Beschluß zugelassen. Das ist sein neuer Status. Aufschlußreich ist das Ende der ersten Strophe mit der Bitte um Befreiung von »Haß«. Hier geht es wohl weniger um den Haß nur von Menschen als um den von Feinden generell, besonders von ausgrenzendem und trennendem Haß, also auch von dem der unsichtbaren Mächte.

Ebenso aufschlußreich ist die zweite Strophe: Der Zusammenhang von Gottes Geist und Freude findet sich im Umkreis des Paulus und des Hirten des Hermas (frühchristliche Schrift um 120 n. Chr.) wieder. Die Grundauffassung ist: Gottes Geist verleiht besondere Kraft und Leichtigkeit zum Guten. Erhalten ist die Verbindung mit »Freude« z. B. in dem deutschen Wort »Gebefreudigkeit«. Die Rede vom Gericht setzt voraus, daß Gott täglich richtet, wie es gerade in den Texten gesagt wird, die von Gottes Thron sprechen. »Richten« ist die durch Gott von seinem Thron aus geführte Regentschaft über die Welt. Daß Stolpern verhindert werden möge, erbittet ähnlich auch das Vaterunser (»Und führe uns nicht in Versuchung«, denn dort stolpert man). So wie die Fröhlichkeit zum Guten Gabe des Heiligen Geistes ist, kann parallel dazu auch Gottes Gnade sich in allen Werken des Menschen äußern. Mit beiden Äußerungen nimmt dieser Segen wichtige Positionen paulinischer Theologie »vorweg«, nach denen alles Gute, das der Mensch wirkt, aus Gottes Wirken am Menschen fließt. (Bei Paulus kommt dann entscheidend die christologische Dimension hinzu.)

Wir halten fest: Der Raum um Gottes Thron einerseits und der geschärfte Blick für Gottes Wirken am Menschen andererseits (theologische Anthropologie) sind bedeutsam für die Welt der Texte aus Qumran.

Brief an einen Höhergestellten

In dem vieldiskutierten Text 4 QMMT (4 Q 394–399) redet der Verfasser die Adressaten in der 2. Person Singular an. Daraus erschloß man, daß es sich um einen »Brief« handeln müsse. Allerdings ist eine räumliche Trennung nicht vorausgesetzt, d. h., es fehlt das *absens/praesens*-Motiv antiker Briefe; doch ist die antike Definition »Brief« so weit, daß jede adressierte schriftliche Rede so gefaßt werden kann. Der erste Teil des Textes behandelt eine Liste der Monatstage für die Sabbate des Jahres, geschrieben in Kolumnen, der zweite Teil behandelt Praktiken (»Werke«) der Torah, inhaltlich den Regeln der Tempelrolle in manchen Punkten verwandt. Beachtenswert ist, daß der Verfasser hier mit der Formel »Es ist geschrieben« nicht aus dem Pentateuch zitiert, sondern offensichtlich aus nicht

»biblischen« (zum später fixierten Kanon gehörenden) Rechtssammlungen.[6]

Im dritten Teil wendet sich der Verfasser direkt an den Adressaten. Dabei fällt die Wendung »für dich und dein Volk« (4 Q 398 Fragm. 14, Kol. 2) auf: Daraus hat man erschlossen, es müsse sich um einen Jerusalemer Herrscher handeln.

Oft ist behauptet worden, der Text sei vom »Lehrer der Gerechtigkeit« an den Makkabäer Jonathan um 150 v. Chr. gesandt worden.[7] Ich halte diese These in allen Einzelheiten für nicht beweisbar.

Alles, was man aus diesem Dokument erkennen kann, ist dies:

1. Der Text rechnet mit Menschen, die am Ende der Tage in Israel umkehren und nicht wieder abtrünnig werden, da man die Frevler schuldig spricht. Der Adressat wird aufgefordert, sich diesem Umkehren anzuschließen.
2. Der Verfasser erinnert den Adressaten an die Könige Israels und an König David, der ein Mann der Gnade war und dem verziehen wurde. Ist also ein Herrscher der Adressat?
3. Der Verfasser beherrscht die Technik der *captatio benevolentiae*, denn er schmeichelt seinem Adressaten damit, er besitze Klugheit und Torah-Wissen. Geht es also um einen Höhergestellten?
4. Der Verfasser wünscht, der Adressat möge durch Be-

6 Hinweis bei Maier, *Die Qumran-Essener*, Bd. 2, S. 361.

7 Hartmut Stegemann, *Die Essener, Qumran, Johannes der Täufer und Jesus*, Freiburg i. Br. ^{4}1994, S. 148 f.

achtung seiner Worte »Freude haben am Ende der Zeit« und das Tun des Rechten möge »ihm zur Gerechtigkeit angerechnet« werden.

Ist der ganze Brief ein fiktiv an einen Machthaber gerichtetes Reformprogramm (so wie später Apologien an die römischen Kaiser adressiert werden)?

Weisheitstexte

Die in Höhle 4 gefundenen weisheitlichen Texte gelten als jeder Interpretation besonders unzugänglich und sehr schwierig. Um diese Texte aber nicht auf Dauer für unwegsam zu erklären und so der Forschung praktisch zu entziehen, sollen die wichtigsten hier zitiert und kommentiert werden.

> »Buch ... Im Himmel wird er urteilen über den Freveldienst und alle Söhne von Wahrheit werden Wohlgefallen finden ..., und es werden sich fürchten und es werden beben alle, die sich befleckt haben damit, ..., es fürchten sich und erbeben jeder Fleisch-Geist ..., alles Übel wird auf Dauer beendet werden, bis daß sich vollenden wird die Zeit der Wahrheit ... um begreifen zu lassen einen Gerechten den Unterschied zwischen Gutem und Bösem ..., denn ein Gebilde von Fleisch ist er.«
> (4 Q 418 Fragm. 2; Maier II,446)

Es handelt sich um eine Ankündigung des kommenden Gerichts. Darauf weist das »Buch«. Dem entspricht auch:

Die Zeit des Übels geht zu Ende, die Zeit der Wahrheit »vollendet sich«, d.h. bricht an. Der Sinn der (dann wohl folgenden) Gerichtsdarstellung ist:

Der Gerechte soll durch die Lektüre jetzt den Unterschied zwischen Gutem und Bösem begreifen und sich danach richten, denn er ist nur ein Mensch und ist der Aufklärung bedürftig. In der Funktion ähnlich ist Mt 25,31–46 (Darstellung des Weltgerichts). Formulierungen wie »den Unterschied zwischen Gutem und Bösem begreifen« finden sich immer wieder in Teilen von 4 Q 418. Die Anspielung auf Gen 2,9.17; 3,5.22 (3,5: »Und ihr werdet sein wie Gott, indem ihr Gutes und Böses erkennt«) ist unverkennbar. Das Essen der Frucht vom Baum bewirkt jedenfalls – so auch die traditionelle christliche Auslegung – das Erkennen des Guten und seiner heilsamen Folgen wie das Erkennen des Bösen und seiner schädlichen Folgen (in Gen 2f.: Vertreibung aus dem Paradies). Es geht daher um die Folgen des menschlichen Ungehorsams.

»... nimm, und dann wird Gott es sehen, es kehrt um sein Zorn, und er geht vorüber an deinen Vergehen, denn vor ... hält nichts stand, und wer wird gerechtgesprochen in seinen Gerichtsurteilen? Und ohne Vergebung ... du Mangel leidest, nicht ... Besitz (Geld) deinen Mangel, denn nicht leidet Mangel die Vorratskammer ... Und was er dir zur Nahrung gibt, iß, und füge nichts weiter hinzu ... Wenn du Besitz (Geld) von Menschen hast für deinen Mangel, sollst du nicht ... tagsüber und nachts, und gönne nicht Ruhe deiner Seele – und er wird dich wiederbringen deiner Seele. Du sollst nicht lügen ... wieso willst du dir Verschuldung aufladen? ...

und nicht vertraue weiter ... Hand seinem Nächsten, und wenn du Mangel leidest, krümmt er seine Hand zusammen wie einen Haken – und hat er, wie er geliehen, weiß er ... und wenn dich eine Plage trifft, ... verbirg nicht vor ... erbitte deine Nahrung, denn er öffnet sein Erbarmen allen Mangelerscheinungen.«
(4 Q 418 Fragm. 6; Maier II,447)

Die Bedingungen werden genannt, unter denen der Mensch dem Gericht entfliehen kann und unter denen Gottes Zorn sich nicht gegen ihn wendet. Dabei ist Gottes Zorn entfliehen dasselbe wie gerechtgesprochen werden (vgl. Röm 1,16f. 18). Fast alle diese Bedingungen zielen auf das Thema Besitz, Geld, Leihen, Gebefreudigkeit, Lebensunterhalt. Der Ausdruck »die Hand wie einen Haken krümmen« meint die Unwilligkeit zu geben. Menschen krümmen ihre Hand, sie wollen nicht geben. Gott dagegen gibt ausreichend, man muß gar nichts hinzufügen. Wer ihn nur um Nahrung bittet, dem gibt er auch genug zu essen. Der Grundansatz entspricht den Worten Jesu gegen das Sorgen und der Vaterunserbitte um das tägliche Brot. Gott sorgt für die Seinen (Mt 6,25–34), besonders wenn sie ihn darum bitten (Mt 6,11), jedes Aufhäufen von Besitz ist schädlich (Mt 6,19; Lk 12,16–21), es führt zur Ruhelosigkeit.

»... wenn er zusammenkrümmt seine Hand, wird hinweggerafft der Geist allen Fleisches. Nimmt nicht ... durch sie, und in unserer Schande bedeckst du dein Antlitz, und im Unverstand nicht binden zu können ... zahlreiche ... auch mit Besitz und treibt Wucher damit.

Rasch zahle! Und du wirst gleich dadurch, denn den Beutel deiner gehorteten Mittel hast du anvertraut dem an dir Wucher Treibenden zugunsten deines Nächsten, und du wirst wiederbringen dadurch all dein Leben. Rasch gib, was ihm gehört, daß er nicht deinen Beutel nehme. Und mit deinen Sachen geize nicht ... deinen Geist. Mit irgendwelchem Besitz sollst du nicht vertauschen den Geist deiner Heiligmäßigkeit, denn kein Preis ist gleichwertig. Kein Mann verleite dich durch die freundliche Miene seines Gesichts und seiner Zunge gemäß sprich, dann wirst du dein Begehr finden ... für ihn, und deine Vorschriften vernachlässige nicht, und in deinen Mysterien nimm dich in acht ... wenn seinen Dienst er mustert an dir, laß nicht ... Schlummer deinen Augen, bis du die Gebote Gottes getan, fahre nicht fort, und wenn es etwas zu verbergen gibt ... und laß nicht für ihn selbst Besitz übrig, ohne ..., daß er nicht vertauscht wird mit Dirnengeld ..., und sieh, daß groß die Eifersucht eines Menschen, es spürt nach das Herz ... und auch durch sein Wohlgefallen. Du sollst festhalten seinen Dienst, und die Weisheit seiner Lebensführung ... und du wirst ihm zum erstgeborenen Sohn, er erbarmt sich über dich wie ein Mann über seinen Einzigen.«

(4 Q 418 Fragm. 8; Maier II,447)

Der Unbarmherzige, der seine Hand zusammenkrümmt, wird nicht lange leben. Und umgekehrt wird der, der mit sich Wucher treiben läßt, das Leben doppelt haben (eigentlich: vergangenes Leben zurückbringen, d.h. wieder jung werden). Dagegen hat die Aufforderung, rasch zu geben, den Charakter einer Vorsichtsmaßnahme. Streben nach Besitz schadet dem heiligen Geist, der in ihm ist, und der ist doch unbezahlbar. (Ähnlich Mk 8,36 f.: »Auch wenn der Mensch die Welt gewinnt, aber seiner Seele schadet, nützt es ihm nicht.« Auch hier gilt: Für die Seele gibt es keinen Preis, sie ist das Kostbarste.) Die Aufforderung, nicht zu schlummern, bis man Gottes Gebote getan, erinnert an die Aufforderungen Jesu zur Wachsamkeit. Denn auch hier geht es um einen Gesamt-Habitus, eine Grundeinstellung.

Die letzten Zeilen beziehen sich auf den Dienst und die Lebensführung, die Gott will. Die Verheißung ist bemerkenswert: Wer so handelt, wird »ihm zum erstgeborenen Sohn, er erbarmt sich über dich wie ein Mann über seinen Einzigen«. Der »einzige«, der »erstgeborene« Sohn, das sind Prädikate, die im Neuen Testament Jesus trägt. Die Verheißung erinnert an Mt 5,45: »... auf daß ihr Kinder eures Vaters im Himmel werdet ...«. In beiden Fällen entsteht diese einzigartige Bindung durch Nachahmen Gottes. Der Tenor des ganzen Stücks ist, wie auch bei den vorangehenden, eine intensive Reichtumskritik. Die Entsprechung zu Sir 4,1–10 ist unübersehbar, denn auch dieser Abschnitt ist auf Wohltätigkeit gerichtet und bringt zum Schluß die Verheißung: »Dann wird Gott dich als seinen Sohn bezeichnen, dir gnädig sein und dich erretten vor der Grube« (4,10).

»... Streck nicht deine Hand danach aus, daß sie nicht versengt und durch sein Feuer dein Körper entflammt wird; so wie du es empfangen hast, so sollst du es zurückgeben, und Freude wird dir zuteil, wenn du davon rein wirst. Und auch von irgendeinem Menschen, den du nicht kennst, sollst du nicht Besitz (Geld) annehmen, daß er nicht noch hinzufüge auf dein Haupt. Und erlegt man deinem Haupt auf zu sterben, dann verfüge dieses Geld, doch deinen Geist sollst du damit nicht schädigen; dann legst du dich nieder mit der Wahrheit, und bei deinem Tod sprießt auf dein Gedächtnis, und als dein Ende wirst du Freude ererben.

Ein Armer bist du – begehre nichts außer deinem Erbteil und laß dich nicht verwirren davon, damit du nicht verrückst deine Grenze. Und wenn ... er dich wieder zu Ehren bringt, wandle darin. Und im Mysterium von Gewordenem erforsche den Ursprung von ihm, dann wirst du sein Erbteil erkennen und wirst in Gerechtigkeit wandeln, denn ... wird Gott ... auf allen deinen Wegen. Dem, der dich ehrt, gib Ehre, und seinen Namen lobe stetig, denn über den Gipfel der Berge erhebt sich dein Haupt, mit Edlen hat er dich zusammengesetzt und über ein Erbteil von Herrlichkeit hat er dich herrschen lassen. Sein Wohlgefallen erstrebe stetig.

Ein Armer bist du – nicht sollst du sagen: Ein Bedürftiger bin ich, und ich will nicht nach Erkenntnis forschen. In aller Züchtigung, die da auf deine Schulter kommt, ... läutere dein Herz und in einer Fülle von Einsicht deine Gedanken. – Das Mysterium von Gewordenem erforsche und betrachte alle Wege von Wahrheit und alle Wurzeln von Unrecht blick an, dann wirst du erkennen, was bitter für einen Menschen ist und was süß für einen Mann. Ehre deinen Vater in deiner Bedürftigkeit und deine Mutter bei deinen Schritten, denn was Gott für einen Menschen ist, so ist sein Vater, und wie die Herrschaften für einen Mann, so ist seine Mutter, denn sie sind der Schmelztiegel deiner Zeugung, und da er sie zu herrschen gesetzt ...«

(4 Q 418 Fragm. 9; Maier II,448)

Auch hier geht es um Besitzgier. Durch sie wird man leicht entflammt. Empfangenes soll man bewahren und zurückgeben (Did 4,13: »Bewahre, was du empfangen hast«). Wie in Lk 11,41 wird »Geben« mit »Reinheit« verknüpft. Vgl. Did 1,5: »Wehe dem, der nimmt«; und das Jesuswort »Geben ist seliger als Nehmen« (Apg 20,35); Did 4,5. – Von Fremden soll man kein Geld annehmen, denn so wird das, was einen (»auf dem Haupt«) belastet, unerträglich. Vor dem Tod soll man rechtzeitig über sein Geld verfügen – nicht aber, weil man sich davon nicht trennen kann, durch Besitzgier am falschen Ort seinem »Geist schaden«. Die letztgenannte Wendung ist gerade im Zusammenhang mit dem Verhalten gegenüber dem Besitz im Frühjudentum häufig belegt (Thomasev 14: »Wenn ihr Almosen gebt, werdet ihr eurem Geist schaden«; Hen[slav] 63,1 [über Almosen]: »Wenn er nun murrt, schafft er sich selbst ein zweifaches Übel: er bewirkt dem, was er gegeben hat, Verderben, und er wird dafür keine Vergeltung finden«). – Zweifach wird der angesprochen, der sich als »Armer« bezeichnet. Das ist insofern neu, als frühere Weisheitstexte nicht den Armen, sondern den Besitzenden anzusprechen pflegen. Das alttestamentliche Gebot, nicht die Grenzsteine zu verrücken (Dtn 19,14), wird hier zum Maßstab für die Mahnungen über Besitz überhaupt. – Der Arme soll nicht seine Armut als Vorwand nehmen, nicht nach geistlicher Erkenntnis zu streben. Denn das Geheimnis des Gewordenen wird ihm ja gerade den wahren Besitz offenbaren und außerdem erkennen lassen, was »bitter und süß« ist – eine Terminologie, die an Ez 2,8; 3,1–3 und Offb 10,9 erinnert (Essen des süßen bzw. bitteren Buches durch den Propheten, der dann entsprechend redet). Der abschließende Abschnitt über das Gebot der Elternehrung (4. Dekaloggebot) entspricht der Bedeutung dieses Gebotes im Buch Sirach und im hellenistischen Judentum, besonders bei Philo von Alexandrien.[8] Die Auffassung, die Eltern seien Abbild Gottes (hier: Gott/Vater; Herrschaften/Mutter), ist besonders in stoischen Texten belegt.[9]

»… und wie er dein Ohr geöffnet in Bezug auf das Mysterium von Gewordenem; ehre sie um deiner Ehre willen und … die Pracht ihres Angesichts um deines Lebens willen und der Dauer deiner Tage. Und wenn du bedürftig bist … eine Frau genommen in deiner Bedürftigkeit, nimm … aus dem Geheimnis des Gewordenen, indem du dich vereinigst, zusammen gehend mit Hilfe deines Fleisches – seinen Vater und seine Mutter, denn … als einen hat er dich zu herrschen gesetzt über sie und du sollst … dir zu einem Fleisch. Deine Tochter – für einen sondert er sie ab … und deine Söhne – und du zur Vereinigung mit der Frau deines Busens, denn sie ist das Fleisch deiner Blöße. Und wer abgesehen von dir über sie herrscht, hat die Grenze seines Lebens versetzt. Über ihren Geist hat er dich zu herrschen gesetzt, um zu verfah-

8 Vgl. Klaus Berger, *Die Gesetzesauslegung Jesu*, Bd. 1, Neukirchen-Vluyn 1972, S. 284–287: Verbindungen von Elterngebot und Hauptgeboten.

9 Ebd., S. 285 f.

ren nach deinem Wohlgefallen, und um nicht noch mehr Gelübde zu geloben und freiwillige Gabe – halte zurück deinen Geist gemäß deinem Wohlgefallen – und jeden negativen Schwur für einen, der ein Gelübde gelobt.«

(4 Q 418 Fragm. 10; Maier II,449 f.)

Wie im vorangehenden Abschnitt, so steht auch hier das Familienethos im Vordergrund. Das Mysterium des Gewordenen hängt organisch mit der Elternehrung zusammen, denn genealogisch ist alles geworden (die Gnostiker werden dieses dann auch auf die Weltschöpfung beziehen). Für die Gestaltung des eigenen Lebens des Angesprochenen ist die Vereinigung mit der Ehefrau das Zentrum. Sie wird »das Fleisch deiner Blöße« genannt, vgl. dazu Lev 20,9–21. – Wenn unser Text hier immer wieder das Herrschen des Mannes anmahnt, so ist das unübersehbar hellenistisch, vgl. die Mahnung der *Praecepta Delphica*: »Über die Frau herrsche«. Die betonte Zurückhaltung bezüglich weiterer Gelübde könnte im Zusammenhang stehen mit dem in Mk 7 diskutierten Fall, daß man den Eltern schuldigen Unterhalt durch Gelübde entziehen kann.

»... die Mysterien seines Wunders ... nachts studiere das Mysterium des Gewordenen und forsche stets, dann wirst du erkennen Wahrheit und Unrecht, Weisheit ... Werk auf allen ihren Wegen mit ihrer Heimsuchung für alle Zeiten der Ewigkeit und Heimsuchung immerdar. Und dann wirst du erkennen den Unterschied zwischen Gut und Böse gemäß ihren Taten, denn der Gott der Erkenntnisse ist ein Wahrheitsgeheimnis und im Mysterium von Gewordenem hat er zugeteilt die Frau als Werk … teilte er ab gemäß ihrem Verständnis nach jeglichem Werk, um zu wandeln im Charakter seiner Einsicht. Und er teilte ab … und in Tauglichkeit verstehen sie … Verborgenheit seines Denkens mit seinem tadellosen Wandel. All diese seine Werke suche stets und betrachte alle ihre Folgen, dann erkennst du ewige Herrlichkeit mit den Mysterien Seiner Wunderbarkeit und die Machttaten Seiner Werke. Und du verstehst den Anfang deines Wirkens im Gedächtnis der Zeit, da sie eingetroffen ist, eingraviert als Vorschriften und eingehauen als all ihr Auftrag, denn eingraviert, eingehauen für Gott sind auf alle … Söhne des Seth und als Erinnerungs-Buch geschrieben vor Ihm für die Bewahrer seines Wortes. Und das ist die Vision, die ausgesprochen worden für ein Erinnerungs-Buch, und er wird es zum Besitz weitergeben dem Enosch mit seinem Geist, denn wie einen Modellbau Heiliger hat er ihn gebildet, aber noch hatte er nicht Ausdruck gegeben dem Geist von Fleisch, denn er kennt nicht den Unterschied zwischen Gut und zwischen Böse, gemäß dem Gesetz seines Geistes … Und du, Sohn eines Verständigen, blick hin auf das Mysterium von Gewordenem und erkenne das Erbteil jedes Lebendigen und sein Wandeln und die Aufträge und seine Taten, … zwischen viel und wenig, und in eurem Kreis … im Mysterium von Gewordenen …«

(4 Q 418 Fragm. 43; Maier II,453 f.)

Über die bekannten Steine bzw. Stelen des Set sagt Josephus:

»Set zeichnete sich, als er zu den Jahren der Unterscheidung des Guten gekommen war, durch tugendhaftes Streben aus, wie er auch selbst ein vortrefflicher Mann war, hinterließ er auch ebensolche Söhne … Sie erfanden die Sternkunde, und damit ihre Erfindungen nicht verlorengingen und vernichtet würden, ehe sie zu allgemeiner Kenntnis gelangten (denn Adam hatte den Untergang aller Dinge teils durch Feuer, teils durch heftige Überschwemmungen vorhergesagt), so errichteten sie zwei Säulen, die eine aus Ziegeln, die andere aus Stein, und schrieben das von ihnen Erfundene auf beiden ein, damit, wenn die Säule aus Ziegeln durch Wasserflut vernichtet worden wäre, die steinerne wenigstens noch erhalten bliebe … Die steinerne Säule steht übrigens noch heute in Syrien.«

(Josephus a 1,68–71)

Entsprechend ist in Nag Hammadi eine Schrift unter dem Titel *Die drei Stelen des Set* gefunden worden, die ihrerseits beansprucht, alles das zu bieten, was auf den entsprechenden Säulen des Set in vorsintflutlicher Zeit aufgezeichnet worden war. Wegen der zerstörerischen Eigenschaften der Wasser der Sintflut mußten diese Nachrichten auf Stein eingegraben werden. Auch in der übrigen frühjüdischen Literatur ist die Weitergabe der adamitischen Traditionen von Set auf Enosch ein häufiges und wichtiges Thema. Wenn es in unserem Abschnitt heißt: »und er wird es zum Besitz weitergeben dem Enosch mit seinem Geist«, handelt es sich um eine Figur vor Enosch, von der dieses im Futur gesagt wird.

Von daher muß die Frage erlaubt sein, ob es sich bei der ganzen Schrift 4 Q 418 Fragm. 1–43 (55?) um eine Belehrung (Testament) durch den Erzvater Adam – oder Sets durch die Engel (der Bericht wird hier auch »Vision« genannt; speziell Engel können über Gut und Böse belehren) handelt. Darauf könnten die recht häufigen Formulierungen über das Wissen des Guten und des Bösen hinweisen; von Set spricht noch Josephus in 1,68 ebenso. Das war das Thema Adams und Evas nach Gen 3. – Es wäre auch verständlich, wenn gerade Adam dazu aufforderte, über das Geheimnis der Dinge nachzudenken sowie die Eltern zu ehren, da er selbst doch mit Eva das erste Elternpaar stellt. »Eingraviert« und »eingehauen« müßte sich auf die Stele des Set beziehen. – Enosch ist Sohn Sets (Gen 5,6). Enosch wird hier als Musterheiliger geschildert – das ist nicht selbstverständlich; ältere wie jüngere Quellen sprechen davon, in seiner Generation sei der Götzendienst erfunden worden (»in seiner Generation« – also zunächst nicht von ihm selbst). Ähnlich positiv wird von Enosch aber in Philo von Alexandrien, PraemPoen 14, gesprochen, (Enosch wegen der hebräischen Bedeutung des Wortes i.S. von »Mensch« besagt: »Niemand darf überhaupt als Mensch gelten, der nicht seine Hoffnung auf Gott setzt«). Philos Schrift über Abraham 13f. kann sogar erklären, weshalb Enosch in unserem Stück »Modellbau Heiliger« genannt wird. Philo sagt: Enosch ist der vierte Mensch, Mose aber sagt von der vierten Zahl, sie sei »heilig und lobenswert« (Lev 19,24; LXX: heilig lobenswert) ... »Heilig aber und lobenswert ist auch der Hoffnungsfrohe, wie im Gegenteil der Hoffnungslose unheilig und tadelnswert ist«. Jub 4,12 heißt es von Enosch: »Und er fing an als erster, anzurufen den Namen des Herrn auf der Erde«. Positiv wird Set in Jub 19,24 gewertet.

»... deine Lippen öffnete Er als Quelle zum Preise Heiliger, und du, an ewiger Quelle lobsinge. – Als Heiliges hat er dich abgesondert von jedem Fleisch-Geist, und du, sondere dich ab von allem, was er haßt, und enthalte dich von allen Abscheulichkeiten, denn er hat alles gemacht und er hat ihnen einem jeden sein Erbteil gegeben. Und Er ist dein Teil und dein Erbteil unter den Menschenkindern, und in seinem Erbteil hat er dich zu herrschen eingesetzt. Und du, ehre ihn damit, indem du dich heiligst für ihn, wie er dich hingestellt hat für ein allerheiligstes ... und in all – hat er dein Los fallen lassen und deine Ehre hat er überaus gemehrt. Und er setzte dich für ihn ein als Erstgeborenen ... und mein Gut gebe ich dir. Und du, gilt nicht dir Sein Gutes? Und in Seiner Zuverlässigkeit verhielt Er sich stets ... deine Taten. Und du, erfrage seine Gesetze von jedem und streite ... Seine Liebe und durch ewige Gnade und durch Erbarmen über alle Bewahrer Seines Wortes. Und du, Verstand eröffnete er dir, und über seine Schatzkammer ließ er dich herrschen, und einen Wahrheits-Scheffel vertraut er dir an. ... Mit dir sind sie und in deiner Hand, um Zorn abzuwenden von Wohlgefallens-Männern und heimzusuchen ... mit dir, bevor du dein Erbteil aus seiner Hand nimmst, ehre seine Heiligen ... und jeder, der auf seinen Namen genannt wird, heilig ... in allen Zeitabschnitten seine Pracht, seine Zierde zu einer Pflanzung von Ewigkeit ... Und du, ein Verständiger, wenn er dich über der Hände Weisheit zu herrschen gesetzt, und Erkenntnis ... und von dort aus wirst du deine Nahrung auffinden ... und von jedem, der dich unterweist, füge Lehre hinzu. Gib selbst von deiner Mangelware etwas heraus für alle, die etwas erbitten ..., füll auf, und du wirst satt sein von einer Fülle von Gutem. Und von deiner Hände Weisheit ... denn Gott hat zugeteilt das Erbteil jedes Lebewesens und alle Herzensweisen ...«

(4 Q 418 Fragm. 81a+b; Maier II,459)

Der Gattung nach liegt hier zweifellos ein Testament vor. Denn in der Gattung der Testamente spricht ein Vater über Gottes Gaben und Segen für seinen direkt angeredeten Sohn, teils als Prophezeiung, teils als Fürbitte. Wer der hier Angeredete ist, bleibt unklar. Der Titel »Erstgeborener« könnte auf Jakob weisen, dann wäre der Sprecher Isaak. Es könnte sich aber auch um Adams Testament an Set handeln.[10] Wegen der Aussonderung zur Heiligkeit könnte man auch an eine Rede Jakob/Levi denken oder Kahat/Aaron in den Blick nehmen. Die Darstellung als Lehrer erinnert wieder an Levi, bei ihm ist auch die Rede vom Erbteil von besonderer Bedeutung. Daß der Lehrer als Sammler vorgestellt wird (»und von jedem, der dich unterweist, füge Lehre hinzu«), ist in mehrfacher Hinsicht besonders interessant. Einmal geht es überhaupt um die Frage, wie Lehre zustande kommt und wie sie strukturiert ist; sodann bildet diese Stelle eine Art Verständnisbrücke zwischen Mt 13,52 (Bild des Schatzes mit Altem und Neuem) und frührabbinischem Schulbetrieb, in dem die Lehre eben im Sammeln von Lehrentscheiden besteht.

Als *Resultat* ist festzuhalten, daß die hier zitierten und besprochenen Weisheitstexte aus 4 Q 418 insgesamt in je-

10 Dergleichen ist z. B. belegt bei Erwin Preuschen, *Die apokryphen gnostischen Adamschriften*, Gießen 1900, S. 46 f.: »Worte des Adam zu Seth«, aber auch anderswo.

ner Tradition des Frühjudentums stehen, zu der auch Neues Testament und Testamentenliteratur zu rechnen sind. Obwohl die Texte hebräisch formuliert sind, lassen sie doch oft hellenistisch-paganes Gedankengut aus der »Philosophie« erkennen. Die Texte lassen sich wohl im Bereich der Beschreibung vorsintflutlicher Vätertraditionen lokalisieren (Adam, Set, Enosch). Konkret sind die besprochenen Texte deutlich gegen jede Mehrung des irdischen Besitzes gerichtet. Das Gebot der Elternehrung hat einen hohen Rang, aber es steht nur neben anderen Anweisungen zum Schutz der Familie, die für das Frühjudentum (Jubiläenbuch, Sirachbuch) nicht untypisch sind. Die Schrift will das Wissen über die Unterscheidung von Gut und Böse vermitteln, das Adam und Eva noch abging.

Durch die kritischen Äußerungen gegen Reichtum und Mehrung des Vermögens stehen diese Texte in eindrücklicher Nähe zur Lehre Jesu nach den drei ersten Evangelien und zum Jakobusbrief. Die Adressaten sind nicht Reiche, sondern eher Arme, denn es wird auch gesagt, daß sie ihre Armut nicht zum Argument gegen Beschäftigung mit der Schultradition werden lassen sollten.

Die Kriegsregeln

Neu unter den Funden von Qumran ist eine Darstellung des endzeitlichen kriegerischen Geschehens, eine Art Endkampf. Schon unter den ersten Funden aus Höhle 1 war ein erster Beleg für dieses in den Höhlen insgesamt in etwa 10 Exemplaren belegte »Schrifttum«. Die drei hauptsächlich unterscheidbaren Fassungen stellen verschiedene

Bearbeitungsstufen dar. Doch ähnlich wie es Peter Schäfer bei Traktaten der jüdischen Mystik gezeigt hat, ist es auch hier nicht möglich, eine Grundschrift zu ermitteln. Der Stoff hat mehrere Versionen gefunden. Zu diesen Texten gehört außer 1 QM besonders 4 Q 491–496, auch 4 Q 402, Fragm. 4,7 ff.

Die Gegner

Die Gegner werden unterschiedlich benannt, so z. B. »Söhne der Finsternis«, »Kittim«, »Söhne Ismaels und Keturas«, »Söhne Jafets«, »Hasser Gottes«, doch auch die »Abgefallenen vom Bunde« sind dabei, d. h. abgefallene Juden. Nach 4 Q 202 Kol. IV sind die Gegner der Engel in diesem Krieg die »Söhne der Wächterengel aus den Menschenkindern«.

Im Zentrum steht der Kampf der »Söhne des Lichts« gegen die »Söhne der Finsternis«. Damit stehen diese Rollen in der Reihe frühjüdischer Zeugnisse über ein bevorstehendes kriegerisches Ende der Welt. Man sollte sich zunächst einmal als moderner Mensch über derartige Auffassungen wundern und sie nicht für selbstverständlich halten, und zwar besonders deshalb, weil es auch innerhalb der Bibel ganz andere Möglichkeiten und Sichtweisen gibt.

Nach den Qumrantexten wird der Endkampf von Priestern (mit Trompeten) und Leviten (mit Hornblasinstrumenten) geleitet. Durch die Trompetenstöße der Priester werden die feindlichen Reihen überwältigt – ähnlich wie bei der Eroberung Jerichos nach Jos 6.

Nach 4 Q 285 führen zwar weiterhin die Priester an, aber unter Nennung von Jes 10,34–11,1 ist es jetzt ein davidischer Messias, der »Anführer der ganzen Volksgemeinschaft« genannt wird. Zu Beginn des Geschehens (so könnte man es aus einem Fragment erschließen) kommt es darauf an, einen besonders mächtigen Menschen – offenbar einen Widersacher des Messias – umzubringen. Ist dabei an ein juristisches Gremium unter Anführung des Messias gedacht? Jedenfalls tritt offenbar nach der Hinrichtung dieser Figur der Hohepriester als Leiter des weiteren Endkampfes in Erscheinung. Man kann vermuten, daß diese Figur bereits eine Art Antichrist ist, wie spätere christliche Texte ihn vorstellen. Man kann weiter vermuten, daß, jedenfalls nach dem Markusevangelium, Jesus aus der Sicht der Juden als ein solcher oder ein ähnlicher Antimessias hingerichtet wird – sagt man ihm doch nach, er wolle den Tempel zerstören (Mk 14,58), auch hier ist ein Gremium an seiner Beseitigung beteiligt, bei dem der Hohepriester wichtig ist (Mk 14,61–63).

Magische Bedeutung der Ordnung

Das Entscheidende ist die Ordnung der Truppen nach 1000, 100, 50 und 10. Wenn Jesus die Menschen bei der Brotvermehrung ähnlich geordnet lagern läßt (Mk 6,40 nach 100 und nach 50), dann sind diese Menschen sein Volk – auf seine besondere Weise, wie auch Jesus ihr Herrscher ist, indem er die Massenspeisungen zeitgenössischer Herrscher praktiziert.

Entgegen verbreiteten Auffassungen wird der in diesen Kriegsplänen geschilderte Krieg keineswegs unblutig, unmilitärisch oder nur magisch geführt. Vgl. dazu etwa die Schilderung von den drei Schlachtreihen, die sich hintereinander aufstellen:

»Und sie rücken abwechselnd zum Kampf aus. Das sind die Zwischentruppenmänner. Und ihnen zur Seite stehen die Männer der Wagen, und sie stellen sich zwischen den Schlachtreihen auf. Und wenn sie einen Hinterhalt legen für eine Schlachtreihe, sollen drei Schlachtreihen lauern … und die Männer beginnen zu fällen die Erschlagenen der Schuld. Danach erhebt sich der Hinterhalt von seinem Platz …«
(4 Q 491 Fragm. 1; Maier II,555)

Aber es gilt das noch aus der Epoche der nachkolonialen Kriege in Afrika bekannte Prinzip, daß derjenige der Sieger ist, der am meisten Lärm verursacht.[11] Damit herrscht eine ganz andere, anthropologisch divergierende Auffassung vom Krieg als im heutigen Europa. In diesem Licht lese man 4 Q 491 Fragm. 13:

»Wurfbereit erheben sie ihre Hand, ein jeder an seine Kriegswaffe, und die Priester blasen Lärm für die Leitung des Kampfes mit den Trompeten der Gefallenen, einen scharfen, schmetternden Schall, und die Leviten und die ganze Mannschaft der Hörner macht Kriegslärm …«
(Maier II,560 f.)

Funktion der Aufschriften

Buchstaben und Worte, an der kritischen Stelle geschrieben und angebracht, haben eine magisch-apotropäische Bedeutung. Bei uns ist das noch von Haus- und Glockeninschriften her bekannt. Nach 1 QM betrifft es die aus

11 Vgl. dazu *Süddeutsche Zeitung* vom 24.5.1997, Sonntagsbeilage.

priesterlicher Sicht besonders wichtigen Kriegsgeräte, so etwa die Trompeten und die Feldzeichen. So steht z. B. auf den Trompeten:

»Berufene Gottes«,
»Fürsten Gottes«,
»Ordnung Gottes«,
»Frieden Gottes in den Lagern seiner Heiligen«,
»Hand der Stärke Gottes im Kampf«,
»Jauchzen Gottes bei glücklicher Heimkehr«.

Überall, so ist erkennbar, steht Gottes heiliger Name auf dem Kriegswerkzeug. Er ist das eigentliche Zentrum der jeweiligen Abwehrkraft. Öfter werden offenbar aus demselben Grund auch die Namen der Menschen auf den Feldzeichen genannt.

Eine ähnliche Funktion wie die Worte haben auch die kunstvollen Verzierungen und Flechtmuster, besonders aus Gold und Silber, am Rand der Kriegsgeräte. Schönheit und Glanz besitzt nach dieser Auffassung eine eigene große Kraft und Fähigkeit zur Abschreckung.

Gemeinschaft der Engel und der Menschen

Das, was nach den Hymnen und Liedern aus den Höhlen von Qumran bei jedem gottesdienstlichen Lobgesang Wirklichkeit wird, nämlich die Gemeinschaft der erwählten Menschen mit den Engeln, ist besonders im Endkrieg die Grundvoraussetzung für den Kampf. Die Gottwesen, die Elim, kämpfen auf der Seite der Gerechten gegen die Ungerechten.

Nach 1 QM 17,7 hat der Kampf ein himmlisches und ein irdisches Ziel, der Festigung der Herrschaft Michaels im Himmel entspricht die Erhöhung Israels zur Herrschaft unter den Völkern. Der doppelte Schauplatz ist grundsätzlich mit Offb (6–)12 zu vergleichen. Daher gilt:

Himmel	1 QM	Sieg Michaels	über/unter	den »Göttlichen« (Elim)
	Offb 12	Sieg Michaels: Satan hinaus		Satan und sein Anhang
Erde	1 QM	Sieg Israels	über/unter	allem Fleisch
	Offb 12	Sieg des Lammes und der Märtyrer		

Priesterliche Perspektiven

Freilich ist der gesamte Bericht aus der priesterlichen Perspektive geschildert, und nach 4 Q 493 machen die Priester nur Kriegslärm, »doch sollen sie nicht das Salböl ihres Priestertums mit dem Blut der Erschlagenen entweihen« und deshalb nur blasen, aber nicht Hand anlegen im Kampf. Das tun vielmehr die anderen. So ist es nach 4 Q 491 auch besonders wichtig: »2000 Ellen sollen sein zwischen den Lagern und dem Abort. Und keinerlei Schändlichkeit soll gesehen werden rings um sie herum«.

Das Schlachtgeschehen

Die Kriegsregel schildert Vorrücken, Verfolgen des Feindes, Hinterhaltlegen, Schleudern von Pfeilen im Sinne einer vollkommenen Ordnung. Weil es sich um ein sakrales Geschehen handelt, gilt z. B. die Siebenzahl, auch in der

Dimension von 700 Mann oder von 1400 Pferden. Der Hohepriester hält auch die in der Antike übliche Rede vor der Schlacht.

Kinder, Heranwachsende und Frauen haben keinen Zutritt ins Lager, ebensowenig Hinkende, Blinde, Lahme, dauernd Gebrechliche oder dauerhaft Unreine.

Die Funktion von Gebeten

Gegen Ende der Rolle 1 QM nehmen Gebetstexte zu. Die direkte Anrede an Gott versichert den Menschen, die den schrecklichen Kampf erwarten, der besonderen Nähe Gottes. An ihn können sie sich furchtlos wenden, und seine eigene Ehre steht mit auf dem Spiel. Typisch ist folgendes Gebet:

> »Du Gott unserer Väter, deinen Namen preisen wir auf ewig. Und wir sind das (ewige) Volk, und einen Bund hast du geschlossen mit unseren Vätern und richtest ihn auf für ihren Samen auf ewige Zeiten … und in das Los deines Lichtes ließest du uns fallen für deine Wahrheit.«
> (1 QM 13,7)

So ist auch für das Ende des Kampfes ein Hymnus vorgesehen:

> »Gepriesen sei der Gott Israels, der Gnade bewahrt hat seinem Bund …, und er berief Strauchelnde zu wunderbaren Heldentaten …«
> (1 QM 14,4–5)

Auch die Feldherrenrede des Hohenpriesters für den Beginn des Kampfes umfaßt Mahnungen und Segnungen.

Die ältere Tradition

Hinter 1 QM steht eine ältere klassische apokalyptische Tradition. Sie reicht von Jes 24 bis Offb 20 und manifestiert sich in folgenden Texten:

> Jes 24,21–23; 27,1 ff.; 66,24; Ez 38 f.; Joël 4; Sach 14,1–13; Mi 4,11; Ps 2; Sir 36,8 f.; PsSal 2,26 ff.; 17, 22–35; Num 24,7 LXX; TgNum 11,26–29; TgGen 49,11; TgJes 10,27; Hystaspes (Orakel); Lactantius, Divin. Institut. VII,14 ff.; Sib 3,319 ff.; 3,512 f.; 3,635 ff.; 3,761 ff.; 5,101–110; 5,375 ff.; 5,418 f.; Bar Offb(syr) 36–40; 70,3–10; 72; 4 Esr 5.9.11 f. 13; Hen(äth) 56; 62,12; 90,16 ff.; 91,12; 96,2; 99,4; 100,1–3; Ass Mos 10; Philo, De Exsecr. 127 f.; Praem 95; Eliabuch(hebr) 7,3; Test XII Aser 7; Seb 9; Dan 5; MSanh 97a; Offb 16; 19; 20.

Die einzelnen Elemente dieser Tradition sind oder können jeweils sein:

- Alle Völker versammeln sich (oft); sie waren z. T. vorher vorbereitet
- sie richten sich gegen den Gesalbten bzw. gegen die Stadt
- sie kämpfen, weil sie dämonisch inspiriert bzw. verwirrt sind, vor allem BarOffb(syr) und Hen(äth)
- Blutvergießen, Kampf mit Schwertern

- Gott kommt (mit seinen Heiligen/Engeln); er allein vernichtet durch seine Hand, vom Himmel her; durch Feuer bzw. das Wort seines Mundes. Theophaniezeichen
- Engel vollziehen die Rache bzw. helfen den Menschen
- Israel wird Richter sein
- der Messias (Menschensohn) wird Richter sein / Gottes Sohn richtet
- die Völker töten sich gegenseitig
- es gibt einen persönlichen Gegner Gottes (Drache, Satan/Beliar, Gog und Magog)
- Flucht der Menschen
- Vögel fressen die Leichen
- die Heiden erkennen Gott
- Gott / die Gerechten herrschen
- Neues Jerusalem

Die *theologische* Bedeutung dieser Tradition liegt in folgendem: Die Gegner Gottes sind nicht einfach nur passiv Objekte einer (forensischen) Gerichtsszene, sondern sind in ein komplexes (militärisches) Geschehen verwickelt. Damit bleibt das zu erwartende Geschehen wirklichkeitsnäher als eine abstrakte Gerichtsszene. Entsprechend wird das richterliche Geschehen nicht anhand einer Reihe von Normen (und von Gerichtsbüchern mit den »Taten«) vollzogen, sondern ist Antwort Gottes auf den Aufstand gegen ihn selbst. Zur Diskussion steht daher »Rebellion« bzw. das erste Gebot. Nicht Moral, sondern Gottes Macht ist das endgültige Kriterium der Geschichte. – Für keinen der Autoren in dieser Tradition ist die Anwendung von Macht und Gewalt durch Gott ein Problem. Das heißt: Der Dualismus zwischen Gott und »Welt« ist nicht zu einem Dualismus der Wertrangordnungen geworden. Gott ist einfach der stärkste Machthaber. Das ist tröstlich für die Opfer der Gegenwart. Denn der Konflikt um die Anerkennung Gottes in der Welt wird sich nicht ewig hinziehen; die endgültige Entscheidung zugunsten Gottes ist absehbar.

Gegenüber allen genannten Seitenstücken zeichnet sich der Bestand der Texte aus Qumran dadurch aus, daß hier die priesterlichen Züge besonders betont werden und daß nirgends sonst eine derartige Detailtreue auch im Militärischen erreicht wird. Es liegt auf der Hand, daß hier sehr bewußt mit Ordnungsschemata gespielt wird, und damit liegen diese Texte auf derselben Ebene wie die frühen Zeugnisse jüdischer Engelmystik aus Qumrantexten. Gemeinsam ist das Prinzip: Unmeßbares und Unfaßbares wird unter Gottes Herrschaft zu berechenbarer Ordnung. Das nimmt die Angst und gibt dem Menschen die Gewißheit, alles sei zu seinem besten geregelt, selbst eben das Chaos am Ende.

Die sogenannte Sektenregel

Irreführende Bezeichnung

Der Name Sektenregel setzt nicht nur voraus, daß es in Qumran Essener gab, sondern auch, daß es sich dabei um eine Sekte handelte, und ferner, daß die Schriften aus den Höhlen direkt auf eine derartige Sekte bezogen seien. Nun kann man dem Ausdruck »Sekte« nicht energisch genug widersprechen. Denn er suggeriert, was nachweislich in gar keiner Hinsicht der Fall war: Eine Sekte setzt eine in sich gefestigte Bezugsgröße voraus, von der sie sich abgetrennt hat. Weder ist das Judentum des 1. Jh.s eine in sich dogmatisch oder institutionell gefestigte Größe – wie es die spätere Kirche war, von der aus wir uns (im Bereich des Christentums) eine Sekte denken und von der her wir so etwas definieren können – noch sind die Essener eine in sich irgendwie geschlossene Gruppe. Es handelt sich vielmehr um einen von außen herangetragenen Sammelbegriff für unterschiedlichste »fromme« Reformbewegungen im Judentum. Auch durch den in manchen Schriften – nicht in 1 QS – belegten »Lehrer (Anweiser) der Gerechtigkeit« (der Gemeinschaft) wird die Sache nicht sektenähnlicher. Denn große Lehrer stehen häufig am Anfang von Reformbewegungen.

Wie in CD sind die Priester, Söhne Zadoqs, wichtig (z. B. 1 QS 5,9): Sie sind Lehrer, die den Bund bewahren und Gottes Willen erforschen.

Dualismus

1 QS repräsentiert einen starren und unversöhnlichen Dualismus. Auf der einen Seite stehen die »Kinder der Finsternis« und Belials, auf der anderen Seite die »Kinder des Lichts«, die Gottes Gebote erfüllen wollen und in der Ratsversammlung Gottes sind. Ähnlich wie in CD wird von einem Bund Gottes gesprochen, in den die Anhänger eintreten. Deren vornehmste Aufgabe ist dann, »alle Kinder des Lichts zu lieben, aber alle Kinder der Finsternis zu hassen«. Bei dieser Formulierung ist übrigens zu beachten, daß Hassen und Lieben hier weder emotional noch moralisch (im Sinne der Verletzung bestimmter Gebote zu Lasten Dritter) zu verstehen ist, sondern ausschließlich sozial-praktisch,

und zwar im Sinne des nötigen Sich-Trennens und Sich-Absonderns (Hassen) und als notwendiger Zusammenhalt in der Gruppe (Liebe). Auch Jesus spricht in diesem Sinne vom notwendigen Hassen (Lk 14,26f.), wenn es darum geht, die angestammte Familie zu verlassen.

Nach 1 QS 3 ist der Mensch entweder dem Engel der Finsternis oder dem Fürsten des Lichts untertan (zur Terminologie vgl. 2 Kor 11,14: Satan verwandelt sich in einen »Engel des Lichts«). Beide Parteien bestehen jeweils aus einer Menge »Geister«, die bösen suchen die guten Menschen zu Fall zu bringen, die guten helfen ihnen. Wichtig ist der Begriff »Werk«, der hier vorkommt. Denn gute und böse Werke werden hier begründet und erklärt. Beide sind jeweils auf gute oder böse Engel gegründet. Hier entsteht die auch im Neuen Testament wichtige Auffassung, daß Werke jeweils das Kennzeichen bzw. Sichtbarwerden einer bestimmten Zugehörigkeit sind, die alternativ bzw. dualistisch verstanden wird. So wird es für Paulus dann Werke aus dem Zustand »unter dem Gesetz« und solche aus der Verbundenheit mit Jesus Christus geben. – In 1 QS 4 beschreibt der Verfasser von 1 QS nun die bösen oder guten Werke mit einer sprachlichen Form, die man Tugend- bzw. Lasterkatalog nennt. Zum guten Geist gehören Demut, Langmut, reiches Erbarmen, ewige Güte, Klugheit, Einsicht, Weisheit, Gnade – ein Katalog, der nicht zufällig auch inhaltlich an Gal 5,22f. erinnert, wo Paulus die Früchte des Heiligen Geistes beschreibt (Liebe, Freude, Friede, Langmut, Freundlichkeit, …, Sanftmut, …). Aufzählungen solcher Abstrakta sind aus pädagogischen Gründen sinnvoll; denn in 1 QS wie bei Paulus galten solche Listen wohl der Instruktion von bislang in der Torah nicht bewanderten Menschen (bei Paulus: Heiden).

Diese Beobachtungen lassen den Schluß als möglich erscheinen, daß 1 QS der Versuch sein könnte, in einer religiös öde gewordenen Umgebung Judentum neu zu begründen, und zwar nicht auf der Basis der Volksreligion, sondern als freiwilliger Zusammenschluß nach dem Muster religiöser Vereine dieser Zeit, wie sie etwa für Kleinasien in Philadelphia belegt sind.[12] – Wohlgemerkt: es geht in 1 QS nicht um Zulassung von Heiden zum Judentum.

Nach 1 QS 4 besteht zwischen Licht und Dunkel beständiger Streit, und zwar im Herzen des Menschen, also: jedes einzelnen Menschen. Doch Gott hat dem ein Ende gesetzt: »Dann wird die Wahrheit der Welt für immer hervorkommen« (4,19). Gott wird dann (wiederum) durch seinen heiligen Geist reinigen.

Liturgische Elemente

a) Aufgrund von 1 QS 1 f. läßt sich ein jährlich zu begehendes Ritual – nach Meinung einiger Forscher – bei *Eintritt* (Aufnahme) *in den Bund* rekonstruieren:

> *(Die Priester ziehen der Reihe nach ein, einer nach dem anderen, dann in gleicher Weise die Leviten, dann das ganze Volk, und zwar in der Folge von 10, 50, 100 und 1000.)*

12 Vgl. dazu Klaus Berger / Carsten Colpe, *Religionsgeschichtliches Textbuch zum Neuen Testament*, Göttingen 1987, S. 274–276; Ähnlichkeiten im Bereich der Gebote und der Bedeutung des Anfangs.

Priester und Leviten: Hymnus (Lobpreis).
Antwort der Kandidaten: »Amen, Amen.«
Priester: Lob der Werke Gottes.
Leviten: Sündenbekenntnis.
Antwort der Kandidaten: »Wir haben Unrecht getan, Übertretungen begangen, gesündigt, gottlos gehandelt, wir und unsere Väter vor uns, als wir wandelten im Gegensatz zu den Geboten der Wahrheit und der Gerechtigkeit … sein Gericht an uns und unseren Vätern. Aber das Erbarmen seiner Barmherzigkeit hat er uns erzeigt von Ewigkeit zu Ewigkeit.«
(An dieser Stelle stand wohl der in 1 QS 5,8 erwähnte) Eid der Kandidaten, »umzukehren zum Gesetz des Mose gemäß allem, was er befohlen hat, von ganzem Herzen und ganzer Seele, sich abzusondern von allen Männern des Frevels, die auf gottlosem Wege wandeln«.
Priester: [Segen] »Gott segne dich, Mann des Gotteslo-ses, mit allem Guten und behüte dich vor allem Bösen und erleuchte dein Herz mit der Einsicht des Lebens und sei dir gnädig mit ewigem Wissen, und er erhebe sein gnädiges Angesicht auf dich zum ewigen Frieden.«
Leviten: [Fluch] »Verflucht seist du, Mann des Loses Belials, in allen gottlosen Werken deiner Schuld! Möge Gott dir Schrecken geben durch die Hand aller Rächer und dir Vernichtung nachsenden durch die Hand aller, die Vergeltung heimzahlen.
Verflucht seist du ohne Erbarmen entsprechend der Finsternis deiner Taten, und verdammt seist du in Finsternis ewigen Feuers. Gott sei dir nicht gnädig, wenn du ihn anrufst, und er vergebe nicht, deine Sünden zu sühnen.
Er erhebe sein zorniges Angesicht zur Rache an dir, und

kein Friede werde dir zuteil im Munde aller derer, die an den Vätern festhalten.«

Antwort der Kandidaten: »Amen, Amen.«

Priester und Leviten: »Verflucht sei der, der mit den Götzen seines Herzens übertritt, wenn er in diesen Bund eintritt und den Anstoß seiner Sünde vor sich hinstellt, um dadurch abtrünnig zu werden. Und geschieht es, wenn er die Worte dieses Bundes hört, daß er sich glücklich preist in seinem Herzen und sagt: Friede möge ich haben, wenn ich auch in der Verstocktheit meines Herzens wandle – so werde sein Geist dahingerafft, das Trockene mitsamt dem Feuchten, ohne Vergebung. Gottes Zorn und der Eifer seiner Gerichte sollen entbrennen gegen ihn zu ewiger Vernichtung. Es sollen ihm anhaften alle Flüche dieses Bundes und Gott sondere ihn ab zum Bösen, und er werde ausgerottet aus der Mitte aller Söhne des Lichts in seinem Abweichen von Gott. Durch seine Befleckungen und durch den Anstoß seiner Verschuldung gebe er sein Teil unter die ewig Verfluchten.«

Antwort der Kandidaten: »Amen, Amen.«

Es ergibt sich daher die Abfolge von Hymnus, Lob, Sündenbekenntnis, Segen und Fluch über die wahrhaft Neu- und über die Scheinbekehrten, die wieder abtrünnig werden, Verfluchung derer, deren Bekehrung nicht echt ist. – Im Vergleich zu späteren christlichen Taufritualen ist auffällig, wie hoch der Anteil an Verfluchungen ist. Fluch und Segen stehen praktisch nebeneinander.

In 1 QS 3,2 wird vorausgesetzt, daß jemand auch seinen Besitz in den Rat der Gemeinschaft bringt. Offensichtlich handelte es sich nicht um den ganzen Besitz.

b) Nach 1 QS werden Übertretungen der einzelnen Glieder der Gemeinde gesühnt »durch den Heiligen Geist, der der Gemeinde gegeben ist« (3,7). Konkret besteht die *Sündenvergebung* wohl darin, daß der Sünder seine Unterwerfung unter die Gebote Gottes formell neu erklärt und dann mit reinem Wasser besprengt wird. Im Hintergrund steht Ez 36,25–27 (Gott sprengt reines Wasser und legt seinen Geist in die Brust der Menschen, damit sie nach seinen Satzungen handeln können). – Die kollektive Verortung des Heiligen Geistes in der Gemeinschaft nach 1 QS 3,6f. hat interessante Entsprechungen bei Paulus, wenn in 1Kor 3–6.12 offenbar die Gemeinde Trägerin des Heiligen Geistes ist. Wichtig ist auch: Die Gemeinschaft als Ort des Heiligen Geistes und als die Gemeinschaft der Vollkommenen selbst schafft Sühne.

Auch am Ende der Zeiten wird Gott durch seinen Heiligen Geist die Menschen reinigen (4,21: »Und er reinigt sie durch den Heiligen Geist von allen gottlosen Taten. Und er wird über sie sprengen den Geist der Wahrheit wie Reinigungswasser [zur Reinigung] …«). Ist auch die im frühen Christentum sehr alte Geisttaufe ursprünglich als eine Sündenreinigung dieser Art aufgefaßt worden, bevor man den Tod Jesu enger mit der Konzeption der Taufe verbunden hat?

Institutionen

Eine Reihe von institutionellen Ähnlichkeiten besteht zwischen CD und 1 QS. Sie betreffen auch das Gebot Lev 19,17 f.:

Lev 19,17 f.:	1 QS 5,26:
»Hasse nicht deinen Bruder in deinem Herzen	»Und er soll ihn nicht hassen in seinem (unbeschnittenen) Herzen
und stelle deinen Nächsten freimütig zur Rede,	sondern am selben Tage soll er ihn zurechtweisen,
damit du seinetwegen keine Schuld auf dich lädst!	aber nicht soll er seinetwegen Schuld auf sich laden.
(18) Sei nicht rachsüchtig und trage den Söhnen deines Volkes nichts nach, sondern liebe deinen Nächsten wie dich selbst.«	
	Ferner soll niemand gegen seinen Nächsten eine Sache vor die Vielen bringen, wenn es nicht vorher zur Zurechtweisung unter Zeugen gekommen ist.«

So wird z. B. die Regel, daß bei je 10 Männern ein Priester dabeisein müsse, ergänzt um die Bestimmung »Und sie sollen jeder entsprechend seiner Rangstufe vor ihm sitzen« (1 QS 6,4). Zusätzlich soll bei je 10 Männern einer sein, der Tag und Nacht im Gesetz forscht. Die Aufnahmebestimmungen sind so gestaltet, daß ein Aufnahmewilliger erst nach einem Jahr die »Reinheit der vielen« berühren darf, d. h. wirklich in ihrer Versammlung zugelassen ist.

Die sogenannte Damaskusschrift

Israel auf dem Irrweg

Die Schrift beginnt mit einem Überblick über Israels Irrungen und Wirrungen. Dieses düstere Bild erinnert an deuteronomistische Darstellungen der Geschichte der Verfehlungen Israels. Nur Abraham, Isaak und Jakob haben im Sinne von CD richtig das Gesetz bewahrt, alle anderen danach gingen in die Irre. Die Gegenposition ist »Verstocktheit«. Sie sind vor allem durch falsche sexuelle Regeln in die Irre gegangen: Männer dürfen mehr als einmal heiraten, und Gesetze über verbotene Verwandtschaftsgrade werden bei ihnen nicht beachtet. – Die dem ersten Vorwurf zugrundeliegende Position kann man freilich aus der Schrift nicht herleiten, sondern nur mit einem Beweis (ähnlich wie Jesus in Mk 10,1–12) aus der Schrift konstruieren.

Immer wieder werden die Gegner »Erbauer der Mauer« genannt. Sie haben diese Mauer mit Tünche bestrichen und erfüllen Ez 13,10 (»Sie leiten mein Volk in die Irre, indem sie ›Heil‹ sprechen, wo doch kein Heil vorliegt. Baut es eine Wand auf, siehe, dann bestreichen sie diese mit Tünche.«).

Der neue Anfang

Gott hat Israel den »Lehrer (Anweiser) der Gerechtigkeit« erweckt, der seine Schüler »auf dem Weg von Gottes Herz« geführt hat. Die Gruppe lebt jetzt in einer Zwischenzeit, nach dem Tage, »da hinweggenommen wurde der Lehrer der Gemeinschaft« und in Erwartung des Auftretens »des Gesalbten aus Aaron und Israel« (18,35–19,1). In Kontrast zum Neuaufbruch in der jüngsten Vergangenheit steht der »Mann des Spottes« bzw. der »Mann der Lüge«, dem Gesetzesübertretungen vorgeworfen werden. Daß er und sein Anhang »dem Gerechten« nach dem Leben trachteten (1,20), ist zumindest auch Topik, wie oben gezeigt wurde.

Ob der »Anweiser der Gerechtigkeit« identisch ist mit dem »Erforscher des Gesetzes« nach CD 6,19 f., ist unklar. Es heißt dort: »Und der Stern, das ist der Erforscher des Gesetzes, der nach Damaskus kommt, wie geschrieben steht: Es geht auf ein Stern aus Jakob, und ein Szepter hat sich erhoben aus Israel (Num 24,17). Das Szepter, das ist der Anführer der ganzen Gemeinde, und wenn er auftritt, wird er niederwerfen alle Söhne Sets.«

Die Mitglieder der Trägergruppe von CD werden mit Brunnengräbern verglichen. Ez 44,15 spricht von »Priestern und Leviten und den Söhnen Zadoks«, die »Wache über Gottes Heiligtum hielten, als Israel abirrte«. Aus dieser Schriftstelle werden nun die Priester (und auch die anderen Gruppen) mit denen exegetisch gleichgesetzt, die »aus dem Lande Juda ausgezogen sind« (CD 4,3) und die »Erwählten Israels« seien. Auch in CD 6,5 nennt sich die Gruppe »die Bekehrten Israels, die aus dem Lande Juda ausgezogen sind und im Lande von Damaskus in der Fremde weilten«. Dieser Angabe verdankt die Schrift ihren Namen. Neuere Versuche, dieses Damaskus in Qumran anzusiedeln, scheitern daran, daß Qumran in Juda liegt und man also, um nach Qumran zu gelangen, nicht »aus dem Lande Juda ausgezogen« sein muß.

Die Tat Gottes an diesen Menschen wird als Sündenvergebung beschrieben (3,18; 4,9 f.). Das entspricht aber dem, was Gott durch Jeremia mit dem Neuen Bund (Jer 31,31–34) angekündigt hatte, und von daher erklärt es sich auch, daß der Bund zur Vergebung der Sünden aufgerichtet sei (4,9 f.).

Wer treulos ist und die Regeln der Gemeinschaft nicht erfüllt, wird verflucht durch die »Heiligen des Höchsten«. Andererseits kennt CD 20 auch eine liturgische Schulderklärung aller: »Wir haben gottlos gehandelt, wir und unsere Väter, da wir entgegen den Satzungen des Bundes gewandelt sind.«

Die neuen Regeln

Abgesehen von den strengen sexuellen Vorschriften, die einem Mann nur eine Ehe gestatten und ihm gemäß der Schrift die Ehe mit Verwandten bestimmten Grades verbieten, werden in Kapitel 6 der CD in bunter Abfolge soziale und kultische Forderungen aufgezählt, die die Gemeinde bewahren will. Dazu gehören Fürsorge für Arme, Witwen und Waisen, ein besserer Zusammenhalt im Volk. Aufschlußreich ist eine Auslegung des Gebotes der Nächstenliebe, die dem Kontext von Lev 19,17 f. entspricht:

Lev 19,17 f.:	CD 6,21–7,3:
»Hasse nicht deinen Bruder in deinem Herzen	
und stelle deinen Nächsten freimütig zur Rede, damit du seinetwegen keine Schuld auf dich lädst!	»jeder seinen Bruder entsprechend dem Gebot zurechtzuweisen

(18) Sei nicht rachsüchtig und trage den Söhnen deines Volkes nichts nach, sondern liebe deinen Nächsten wie dich selbst.«

und ihm nicht zu grollen von einem Tag auf den anderen ein jeder zu suchen die Wohlfahrt seines Bruders.«

CD 9,2:
»Du sollst dich nicht rächen und sollst keinen Groll bewahren gegen die Söhne deines Volkes. Und jeder Mann von denen, die in den Bund eingetreten sind, der gegen seinen Nächsten eine Sache vorbringt, ohne ihn vor Zeugen zurechtgewiesen zu haben, oder der in grimmigem Zorn sie vorbringt, oder sie seinen Ältesten erzählt, um ihn verächtlich zu machen, der ist einer, der sich rächt und Groll bewahrt ... Wenn er ihm gegenüber schweigt von einem Tag zum anderen und dann in seinem grimmigen Zorn über ihn spricht, so hat er in einer todeswürdigen Sache gegen ihn Zeugnis gegeben, weil er nicht das Gebot Gottes erfüllte, der ihm gesagt hat: Du sollst deinen Nächsten zurechtweisen und dir nicht um seinetwillen Sünde aufladen.«

Institutionelle Regelungen: In der Trägergruppe dieser Schrift sollen zehn Männer zwischen 25 und 60 Jahren richten, nämlich vier aus Levi und sechs aus dem restlichen Israel, und zwar auf der Grundlage des Buches *Hago*.

Nach CD 12 gibt es auch einen Maßnahmenkatalog für Menschen, die sich in Fragen des Sabbats falsch verhalten haben. Sie sollen beaufsichtigt werden. Ist einer »geheilt«, soll er noch sieben weitere Jahre beobachtet werden, und dann darf er wieder in die Versammlung kommen.

Der Rest aus dem Volk soll (man vergleiche mit den Kriegsregeln) insofern militärisch organisiert werden, als Gruppen von 10, 50, 100 und 1000 aufgestellt werden. Wo 10 Menschen sind, soll es mindestens einen Priester geben, der im Buch *Hago* bewandert ist. – Offensichtlich geht es bei dieser »Lager« genannten Konzeption nicht um ein wirkliches Lager in der Wüste, sondern um ein extrem bibeltreues Konzept der Organisation Israels. Wenn man sich wirklich am Deuteronomium orientiert, dann heißt Israel eben »das Lager«. Und die Einteilungen in die Gruppen sind zwar von dorther übernommen, gelten aber nun de facto wohl für Ortsgruppen. So heißt es in CD 13,2: »Und an einem Ort von zehn Leuten soll nicht ein Priester fehlen …«. An der Spitze der jeweiligen Einheiten stehen nicht immer Priester, sie gehören nur zur Gruppe dazu; die Leiter heißen »Aufseher« (hebr.: *mebaqer*); sie prüfen die Aufnahme in die Gruppe. Die Gebote werden von einem Unterweiser (hebr.: *maskil*) eingeschärft (CD 11,21). Gegenüber dem Unterweiser hat der »Aufseher« geradezu seelsorgerliche Funktion: »Er soll die vielen unterweisen in den wunderbaren Machttaten und soll vor ihnen die ewigen Ereignisse erzählen. Und er soll Erbarmen mit ihnen haben wie ein Vater mit seinen Söhnen und alle ihre Verstreuten zurückbringen wie ein Hirt seine Herde. Und er soll alle ihre fesselnden Bande lösen, damit kein Bedrückter und Zerschlagener in seiner Gruppe sei.«

In der Gruppe herrscht eine strikte Hierarchisierung: Priester – Leviten – übrige Israeliten – Proselyten.

Die Mitglieder der Gruppe verstehen sich als Menschen, die »zum Gesetz des Mose« mit ganzem Herzen und mit ganzer Seele umgekehrt sind. Sie rekrutiert sich daher aus »Bekehrten«. Man rechnet damit, daß einzelne wieder abfallen.

Der Sabbat: Die Regeln werden verschärft: Eine Arbeit darf man schon dann nicht tun, wenn am Freitagabend die Sonne noch um die Länge ihres Durchmessers von der Horizontlinie entfernt ist. – Törichte und eitle Worte gegen den Nächsten (CD 10,17 f.) gelten als Vergehen gegen den Sabbat, weil es unnütze Arbeit ist. Entsprechend wird auch in anderer Hinsicht das Sabbatgebot auf die Sprache ausgedehnt: Über Fragen der Arbeit darf man nun noch nicht einmal mehr sprechen (CD 10,19). Nach CD 11,12 darf man Knecht, Magd und Tagelöhner nicht erzürnen. Auch in der Bergpredigt Jesu wird in der sog. ersten Antithese das Tötungsverbot (5. Gebot des Dekalogs) auf Worte ausgedehnt (Mt 5,21–24); Mt 12,36 f. faßt alles zusammen: Rechenschaft über jedes unnütze Wort wird verlangt werden. Besonders merkwürdig: Am Sabbat dürfen Mann und Frau in Jerusalem nicht verkehren (CD 12,1 f.).

Entwicklungen zwischen einzelnen Schriften?

Aufgrund der deutlichen Ähnlichkeiten in den Sabbatgeboten bestehen sicher Beziehungen von Qumrantexten zum Jubiläenbuch K. 50, und zwar besonders zu CD und 1 QS. Überdies bestehen in vielen Einzelregelungen enge Beziehungen zwischen den beiden letztgenannten Schriften. Das Jubiläenbuch gehört offensichtlich in die Vorgeschichte einiger Qumrantexte. Unter den Qumranfunden gibt es zahlreiche Textfragmente, die das Jubiläenbuch zitieren oder auf seine Art geschrieben (Ps.-Jub genannt) sind.[13]

Durch die Einordnung des Jubiläenbuches in die Vorgeschichte einiger Qumrantexte wurde mir ein Ursprung des Jubiläenbuches oder der betreffenden Qumranschriften oder gar der gesamten Höhleninhalte aus Qumran immer unwahrscheinlicher.

Das Jubiläenbuch (entstanden spätestens Mitte des 2. Jh.s v. Chr.) wird ausdrücklich mit vollem und ursprünglichem Titel zitiert in CD 16,3 f. als das »Buch der Einteilungen der Zeiten nach ihren Jubiläen und ihren Jahrwochen« (im Äthiopischen: Buch der Einteilung). In kalendarischer Hinsicht liegt dem Jubiläenbuch das Bestreben zugrunde, kein Fest auf einen Sabbat fallen zu lassen bzw. durch einen Sabbat verdrängen zu lassen. Daher wird die ganze Heilsgeschichte unter dem besonderen Aspekt der Fixierung der einzelnen Festdaten im Kalender geboten. Das Jahr hat 364 Tage, das ist durch 7 teilbar, so daß sich genau 52 Wochen ergeben. Von daher ergeben sich auch die Übereinstimmungen mit den besonderen

13 Vgl. den Index bei Maier, *Die Qumran-Essener*, Bd. 3, S. 180–182.

Sabbatgeboten des Jubiläenbuches aus K. 50. – In 1 QS und anderen Texten aus Qumran wird eine Zeitrechnung nach Jubiläen (7 × 7+1 Jahre), Jahrwochen (7 Jahre) und Jahren ins Auge gefaßt. In Jub und in 1 QS gibt es vier Jahreszeiten mit gleicher Dauer, beginnend jeweils am ersten Tag des 1., 4., 7. und 10. Monats. Das Jahr hat 364 Tage, und die Sonne herrscht allein.

Während es in Jub 50,8 für alle Übertretungen des Sabbat heißt »… der soll sterben«, korrigiert dies CD 12,3 f.: »Und jeder, der irregeht, den Sabbat oder die Feste zu entweihen, soll nicht getötet werden, sondern Leuten soll seine Bewachung übertragen werden.« Im übrigen stimmen die meisten der Bestimmungen von Jub 50,8.12 mit denen in CD überein. Man vergleiche etwa:

Jub 50,8:
»Und auch der, der eine Sache beredet, daß er sie an ihm tun werde, daß er an ihm eine Reise machen werde, und auch wegen alles Kaufens und Verkaufens.«

CD 10,19:
»Nicht darf man über Fragen der Arbeit sprechen oder das Werk, das am nächsten Tag zu tun ist.«

Jub 50,8:
»und auch wer Wasser schöpft an ihm, das er für sich nicht am sechsten Tag vorbereitet hat …«

CD 11,1:
»aber man darf (am Sabbat) nicht schöpfen in irgendein Gefäß.«

Jub 50,8:
»Und auch wer jegliches aufhebt, daß er es trage, daß er es aus seinem Zelt herausbringe, und auch wenn aus seinem Haus, der soll sterben.«

CD 11,7–9:
»Niemand darf etwas aus dem Haus nach draußen bringen oder von draußen in das Haus. Und wenn man sich in einer Hütte befindet, so soll man nichts aus ihr herausbringen und nichts in sie hineinbringen.«

Jub ist jedoch in der Liste der am Sabbat untersagten Dinge viel ausführlicher als CD. Man kann daher sagen, daß im Jubiläenbuch viel ausführlicher und auch strenger dekretiert wird. CD ist demgegenüber eine Ermäßigung zu nennen. Am Beispiel des Geschlechtsverkehrs am Sabbat läßt sich das gut verdeutlichen. Nach Jub 50,8 soll sterben (!) »jeder Mensch, der diesen Tag befleckt, der mit einer Frau liegt«. Nach CD 12,1 heißt es lediglich: »Der Sabbat ist heilig. Nicht darf ein Mann bei einer Frau liegen in der Stadt des Heiligtums, um nicht die Stadt des Heiligtums durch ihre Unreinheit zu verunreinigen«. CD beschränkt daher das Verbot auf Jerusalem. – Besonders an der offenen Korrektur, die CD an Jub in der Frage der Todesstrafe übt, wird deutlich, daß beide Dokumente nicht gleichzeitig »in Qumran« Geltung gehabt haben können.

Das Verhältnis der beiden Texte zueinander ist nun von besonderem Interesse:

CD	1 QS
1. CD 2,16–18: »nicht nachzugehen den Gedanken des schuldigen *Triebes* und unzüchtigen *Augen* … (Helden). Da sie *wandelten in der Verstocktheit ihres Herzens*, sind die Wächter des Himmels gefallen.«	1 QS 5,4 f.: »aber keiner *in der Verstocktheit seines Herzens wandle*, in die Irre zu gehen nach seinem Herzen und seinen *Augen* und dem Sinnen seines *Triebes*.«
2. CD 9,21 (Verfehlung): »… so soll der Mann ausgeschlossen werden von *der Reinheit der Vielen* …«	1 QS 6,25 (Falsche Angaben über Besitz): »… so soll man ihn ausschließen aus *der Reinheit der Vielen* auf ein Jahr, und er soll bestraft werden mit dem Entzug von einem Viertel seiner Essensration.«

3. CD 9,2: »Du sollst dich nicht rächen und sollst keinen Groll bewahren gegen die Söhne deines Volkes. Und jeder Mann von denen, die in den Bund eingetreten sind, der *gegen seinen Nächsten eine Sache vorbringt*, ohne ihn *vor Zeugen zurechtgewiesen* zu haben, ..., der ist einer, der sich rächt und Groll bewahrt.«	1 QS 6,1 f.: »Ferner soll niemand *gegen seinen Nächsten eine Sache vor die Vielen bringen*, wenn es nicht vorher zu einer *Zurechtweisung vor Zeugen* gekommen ist.«
4. CD 9,8 f.: »Über den Eid, wie er gesagt hat: Nicht soll deine Hand dir helfen (1Sam 25,26).«	1 QS 6,16 f.: »Wer der Weisung seines Nächsten widerstrebt, der vor ihm eingeschrieben ist, der hat sich mit eigener Hand geholfen.«
5. CD 10,4 f. (Richter in der Gemeinde): »10 Männer, 4 vom Stamm Levi und Aaron und 6 aus Israel wohlunterrichtet im Buche Hago und in den Grundlagen des Bundes«	1 QS 8,1 f. (Rat der Gemeinschaft): »12 Männer und 3 Priester vollkommen in allem, was offenbart ist aus dem ganzen Gesetz.«
6. CD 12,23–13,1: »Darin sollen sie wandeln ... bis zum Auftreten des Gesalbten aus Aaron und Israel	1 QS 9,11: »... zu wandeln bis daß der Prophet und die Gesalbten Aarons und Israels kommen.«
in Gruppen zu 10, gegliedert nach *1000, 100, 50 und 10.«*	1 QS 2,21 f. (das Volk): »zu *1000, 100, 50 und 10* zu ewigem Rat«
7. CD 14,3 f. (Rangfolge): »*Priester, Leviten*, Söhne Israels, Proselyten«	1 QS 2,19–21: »*Priester, Leviten*, Volk«

8. CD 15,5 f.:	1 QS 5,8 f.:
»Ihren Söhnen, die das Alter erreicht haben, um zu den Gemusterten überzugehen, sollen sie	»In den Bund Gottes eintreten … Und er soll sich
den Eid des Bundes auferlegen.«	durch einen bindenden Eid verpflichten, umzukehren zum Gesetz des Mose …«

Auswertung: In beiden Schriften werden dieselben Traditionen vorausgesetzt. Das zeigt sich in der Gemeinsamkeit in Wortfeldern (so in 1.), in ähnlichen institutionellen Regelungen, die von der Aufgliederung des Volkes (6., 7.) bis zum Eid beim Eintritt in den Bund (8.) reichen. Die Zukunftserwartungen sind ähnlich, aber nicht identisch (6.). Auch Strafsanktionen (2.) und Verfahrensweisen bei Verfehlungen (3.) sind gleichartig. – Die Bestimmungen über die verantwortlichen Männer sind zwar nicht identisch, aber doch strukturell gleichartig (5.), auch was die Abfolge von Zahlenangabe (Israel/Laien) und Zweckbestimmung angeht. Bestimmte Wendungen wie die, daß einem seine Hand nicht helfen solle, werden häufiger und zu unterschiedlichen Zwecken verwendet (4.).

Es dürfte schwierig sein, die eine Regel als Vorstufe der anderen zu erweisen. Aufgrund der größeren Nähe von CD zu Jub kann man davon ausgehen, daß CD die ältere Regel gegenüber 1 QS ist. Auch das Fehlen jeglicher Sabbatregel in 1 QS ist am leichtesten erklärbar, wenn man annimmt, daß man Regelungen dieser Art als bereits vollzogen betrachtet hat. Das entfaltete Aufnahmeritual in 1 QS spricht für dessen spätere Entstehung.

Fazit: Wir gehen davon aus, daß die historische Abfolge Jub – CD – 1 QS gewesen ist. Da zwischen CD und 1 QS eine eindeutige historische Abfolge nicht auszumachen ist, könnte es sich auch um Geschwister gehandelt haben, die auf gleichem Fundament stehen. Es ist nicht vorstellbar, daß beide gleichzeitig in einer Gemeinschaft Geltung gehabt haben. Historisch könnte das bedeuten: In den Höhlen von Qumran werden Dokumente unterschiedlicher Gruppen aufbewahrt.

Die sogenannte Gemeinschaftsregel

Laut Hartmut Stegemann handelt es sich bei diesem Text (1 QSa) um die »älteste wirkliche Gemeindeordnung der Essener«,[14] die um 100 v. Chr. angefertigt, dann aber von CD abgelöst worden sei. Für Stegemann ist es gar nicht fraglich: »Dieser Text ist sicherlich als eine verbindliche Gemeindeordnung für die Gegenwart ihres Autors konzipiert worden.«[15] Dieses Urteil ist erstaunlich, wo doch die Überschrift des Textes lautet: »Und dies ist die Ordnung für die ganze Gemeinde Israels am Ende der Tage, wenn sie sich gemeinsam versammeln ...«. Und wo doch unübersehbar an verschiedenen Stellen mit der Anwesenheit des Messias gerechnet wird (2,12.14.20). Nein, es handelt sich in dieser Schrift ebenso um ein »Planspiel« wie in 1 QM (Kriegsregel) und in den mehrfach unter den Qumrantexten erhaltenen Schilderungen des eschatologischen Jerusalem. Denn schließlich ist auch von den Tausendschaften im künftigen Israel die Rede.

14 Stegemann, *Die Essener, Qumran, Johannes der Täufer und Jesus*, S. 159.

15 Ebd., S. 160.

1 QSa ist daher eine Programmschrift, und von daher verstehen sich auch die pädagogischen Ideale dieser Schrift, die das ganze Leben umfassen und die sich ausnehmen wie Projektstudien von Reformpädagogen der 20er Jahre unseres Jahrhunderts.

10.–20. Lebensjahr: Unterricht im Buche Hago (Satzungen des Bundes). Kein sexueller Kontakt zu Frauen.
20. Lebensjahr: Je nach Reifegrad Eintritt in die Gemeinde. Jetzt kann er »Gut und Böse« erkennen.
20.–25. Lebensjahr: Darf Satzungen des Bundes »anhören« auf einem »Platz«.
25. Lebensjahr: Fester Platz in der Gemeinde, darf ihren Dienst verrichten.
30. Lebensjahr: Darf Prozeß führen, Urteile fällen, gehört zu den »Häuptern der Tausendschaften Israels« und zu anderen Führern.
»Und wenn die Jahre eines Mannes viele sind«: Aufgabe im Dienst der Gemeinde.
ab 20. Lebensjahr: Mögliche Zugehörigkeit zum Rat der Gemeinschaft.
Gliederung des Volkes nach 1000, 100, 50 und 10.
Ausschlußgründe: Unreinheit: Gelähmt, hinkend, blind, taub, stumm, sichtbarer Makel am Fleisch, Zittern im Alter, »denn die Engel der Heiligkeit sind in der Gemeinde«.

Den Schluß des erhaltenen Teils der Schrift bildet eine detaillierte Sitz- und Tischordnung. Bemerkenswert ist, daß der Priester den Vorsitz hat und der Messias Israels ihm nach- und untergeordnet ist.

Henoch-Texte und Kalender

In der Literatur der sog. Pseudepigraphen spielt schon seit jeher die um den Namen Henoch versammelte Literatur eine große Rolle. Bis zu den Funden von Qumran kannte man ein erhaltenes Henochbuch in Äthiopisch (mit griechischen Fragmenten), ein slavisches Henochbuch (1. Jh. v. Chr.), ein hebräisches Henochbuch (frühjüdische Mystik), ferner koptische und armenische Henoch-Texte. Henoch war der siebente der Urväter seit Adam, seine beiden Besonderheiten waren darin begründet, daß er 365 Jahre alt wurde und von daher ein naturgegebenes Verhältnis zur Astronomie bestand und daß er am Ende seines irdischen Lebens entrückt wurde (und – am Ende der Zeiten – wiederkommen sollte). Im Frühjudentum war seine Gestalt auch deshalb wichtig, weil er als Urahn des Noach mit den Sintflutgeschehnissen in Verbindung gebracht wurde, und zwar sowohl mit der Tradition der gefallenen Engel, aus denen die Riesen stammten und die Henoch vergeblich um Fürbitte anflehten, als auch mit der Tradition der wunderbaren Prodigien bei der Geburt Noachs. Das alles wird wichtig, weil die Sintflut zum Typos des kommenden Weltgerichts und der Engelfall zum Muster illegitimer Mischehen gemacht wurde.

Unter den Qumrantexten fanden sich nun etwa 5% des Textbestandes des sonst nur äthiopisch ganz erhaltenen Henochbuchs nunmehr in Aramäisch, geringe Reste auch in Hebräisch (1 Q 19). Darüber hinaus aber gibt es eine ganze Reihe weiterer, bislang nicht bekannter Henoch-Texte. Sie weisen darauf hin, daß Henoch und die Vätergestalten nach ihm sehr aktuelle Bedeutung hatten. Folgende neue Henoch-Texte wurden in Qumran gefunden:

1 Q 20 II 19 f. 22. 24: Geburt Noachs
V 3: Lamech–Metusalah–Henoch
XIX 25: Schrift der Worte des Henoch
1 Q 20,1–8: Lamech-Apokalypse
1 Q 23 und 24: Fragmente aus dem Gigantenbuch (aram., s. u.)
2 Q 26: Fragmente aus dem Gigantenbuch (aram.)
3 Q 4: Henoch genannt
4 Q 201,1,1 f. = aram. Fassung von Hen(äth) 1,1–6
4 Q 203 Fragm. 8,4: Buch der Giganten (Entstehung der Riesen, ihre Untaten, Brief Henochs an die gefallenen Engel, Gespräche der Riesen, Träume der Riesen, Gebet Henochs, Segensweissagung Henochs, Vernichtung der Engel durch die Sintflut, Rettung Noachs)
4 Q 206 Fragm. 2 1.14 (Gigantenbuch)
4 Q 212 III 18–25: diverse Abschnitte über Henoch, vgl. Hen 93–96
4 Q 227 Fragm. 2: Ps.-Jubiläenbuch
4 Q 369 1,1,1 = Gebet des Enosch
4 Q 530 II Fragm. A 14 f. und III 6 21 f.: Gigantenbuch
4 Q 532: Schilderung des Leibes des kleinen Noach und seiner Weisheit
5 Q 13 Fragm. 3: nur Name Henochs
6 Q 8: Fragmente aus dem Gigantenbuch (aram.)
11 Q 12 Fragm. 1,7: aus Jub 4,7–11

Aus vielen Texten der Höhlen von Qumran sind Angaben über Kalender-Diskussionen zu entnehmen. Im Unterschied zu dem in Jerusalem gebräuchlichen reinen Mond-Kalender finden sich hier Ansätze, Mond- und Sonnenzyklen miteinander zu verknüpfen.[16] Einen Zusammenhang mit der Separation einer Qumran-Gruppe vom Tempel in Jerusalem kann ich darin nicht erblicken. Kalender-Diskussionen gehörten seit dem Jubiläenbuch zur Materie von Reformanliegen im Judentum (und nicht nur dort, vgl. den »julianischen Kalender« Caesars).

16 Vgl. dazu Maier, *Die Qumran-Essener*, Bd. 1, S. XVII–XVIII, und Bd. 3, S. 52–160.

Historische Fragen

Der Streit um die archäologischen Befunde

Ein kritischer Rückblick

Im Jahre 1996 erschien Ferdinand Rohrhirschs Buch *Wissenschaftstheorie und Qumran. Die Geltungsbegründungen von Aussagen in der Biblischen Archäologie am Beispiel von Chirbet Qumran und En Feschcha*. Das Buch ist eine sehr kritische und längst überfällige Untersuchung der Mechanismen gedanklicher Folgerungen, wie sie in der Qumran-Forschung üblich sind, besonders hinsichtlich des Verhältnisses von Archäologie, Exegese und historischer Rekonstruktion im eigentlichen Sinne. Die Arbeit zeigt freilich die Neigung, die Thesen der Ausgrabung R. de Vaux' bestätigt zu finden und das Gräberfeld bei Qumran hoch zu bewerten. So vertritt Rohrhirsch nun doch – unter dem Mantel einer streng wissenschaftstheoretischen Analyse – eine handfeste eigene Qumran-These: Es sei archäologisch erwiesen, daß Qumran Sitz einer religiösen Gemeinschaft war. Der Hauptgrund dafür ist: Die Gräber sind Nord–Süd gerichtet, und zwar 23 Grad Nord-Nordost; die Schädeldrehung nach Osten weise genau in Richtung des Sonnenaufgangs zur Wintersonnenwende.[17] – Dagegen ist einzuwenden, daß erst ein extrem geringer Teil der Gräber in Qumran bisher überhaupt ausgegraben wurde. Eine gleichmäßige Ausrichtung der Gräber findet sich zudem bis

17 Ferdinand Rohrhirsch, *Wissenschaftstheorie und Qumran. Die Geltungsbegründungen von Aussagen in der Biblischen Archäologie am Beispiel von Chirbet Qumran und En Feschcha*, Göttingen 1996, S. 325.

heute auf jedem organisierten Friedhof. Daß die in Qumran vorgefundene Ausrichtung religiös bedingt ist, wäre erst durch entsprechende literarische Quellen zu begründen. Daß im übrigen, selbst wenn es sich dabei um eine solare Ausrichtung handelte, diese ein Merkmal nur der Essener gewesen sein soll, wäre zusätzlich zu beweisen.

Die Friedhofsanlage ist allerdings ungewöhnlich für die Zeit – auch in ihrer Organisation, denn normal waren Familiengräber. Vergleichbare Friedhöfe hat man weiter südlich am Westufer des Toten Meeres gefunden und – laut Bericht der Ausgräberin im Sommer 1997 (Qumran-Tagung in Jerusalem) – auch im Süden Jerusalems. – Haben sich jeweils »Essener« (oder Anhänger welcher Doktrin auch immer – vielleicht einer frühpharisäischen Auferstehungslehre) aus dem ganzen Land dort bestatten lassen?

Abgesehen davon ist es aber nützlich, für die zukünftige Diskussion über die Qumranfunde folgendes zu beherzigen:

1. Rohrhirsch zeigt auf, wie Forscher immer wieder, um mit ihren Hypothesen »durchzukommen«, einen Teil des archäologischen Materials verschweigen. Das betrifft z.B. die Gräber und die unter Tellern und in Töpfen vergrabenen Tierknochen.
2. Ein häufiger Denkfehler besteht darin, daß man wie selbstverständlich davon ausgeht, beliebige Sätze im Corpus der 800 Rollen aus Qumran könnten zur Absicherung »unklarer« archäologischer Gegebenheiten herhalten. Das heißt, man versucht, den archäologischen Befund fortzuspinnen und bleibt nicht bei dessen oft »magerer« Evidenz stehen. Damit aber wird eine Zu-

sammengehörigkeit von Rollen aus den Höhlen bereits vorausgesetzt, die doch erst zu erweisen wäre.
Das bedeutet: Die Ergebnisse von Exegese und Archäologie dürfen nicht zu gegenseitigen Beweisbarkeitsbemühungen mißbraucht werden.[18]

3. Einige Forscher (z.B. N. Golb) hatten aus Spuren einer militärischen Rolle Qumrans erschlossen: Qumran war kein Essenersitz, weil die Archäologen Reste fanden, die auf einen in Kriegssituation befestigten Ort wiesen, in dem sowohl Männer als auch Frauen lebten. Einwand: Die Anwesenheit von Männern und Frauen ist nicht als Indiz gegen Essener zu werten, da es auch verheiratete Essener gab. Zweitens folgerte man: Daß hier Männer und Frauen wohnten, sei ein Beweis dafür, daß es in Qumran keine Sekte gab. Einwand: »Ob Qumran Ort einer Sekte war, läßt sich archäologisch überhaupt nicht beweisen.«[19]
4. Gegenüber der These von Stegemann, in Qumran habe es eine Feinledergerberei gegeben, läßt sich argumentieren: Weder für die von Stegemann postulierte neuartige Gerbetechnik noch für die Annahme, Qumran sei Industrieanlage der Essener gewesen, gibt es hinreichend Belege. Stegemann ignoriert die Knochendepots. Aber welche Bedeutung sollten die Depots auch für seine Gerber-Thesen haben?
5. Mit Norman Golb darf man kritisch fragen: Wie hätte der Verlauf der Forschung wohl ausgesehen, wenn man sich nicht zunächst an 1 QS und 1 QSa sowie CD, son-

18 Ebd., S. 300.
19 Ebd., S. 327.

dern an den Funden aus Höhle 4 und Höhle 11 hätte orientieren müssen? Hätte man dann auch zu einer so zäh verteidigten Essener- und Kloster-Hypothese gefunden?

6. Eine recht vage Querverbindung zwischen den Rollen und den Ruinen könnte man aufgrund eines 1996 auf dem Plateau südlich des Hauptgebäudes gefundenen Ostrakons vermuten: Nach der Lesung der Herausgeber (F.M. Cross / E. Eshel, *Ostraca from Khirbet Qumran*, in: IEJ 47, 1997, S. 17–28) steht darauf das Wort *jachad* (»Einung«, Gemeinde).

Aus diesen Überlegungen ergibt sich, daß eine strengere Kontrolle auf das wirklich Beweisbare hin wünschenswert wäre. Die Art vieler Forscher, Gewußtes und Nicht-Beweisbares elegant zu vermengen, ist abenteuerlich zu nennen.

Zu den Befunden

Gegraben wurde in den Ruinen von Qumran seit 1952 unter Leitung von P. Roland de Vaux OP, der jedoch nie einen endgültigen Grabungsbericht vorlegte, sondern bis zu seinem unerwarteten Tod 1953 nur zu einem vorläufigen Bericht gekommen ist. In der gegenwärtigen deutschen Diskussion wird die von P. de Vaux aufgestellte Hypothese, die Siedler von Qumran waren auch die Besitzer der in den Höhlen gefundenen Schriftrollen, Qumran sei ein Essener-Kloster gewesen, in aller Schärfe von Otto Betz und Rainer Riesner vertreten; Hartmut Stegemann dagegen mildert schon deutlich ab. Vor allem mit dem Buch von

Norman Golb ist dann auch in der deutschen Forschung eine alternative These aufgetaucht. Demnach war Qumran weder eine klösterliche noch nachweisbar eine essenische Siedlung. Golb vertritt vielmehr in Anlehnung an die alte These Karl Heinrich Rengstorfs, wonach es sich bei den Texten aus den Höhlen von Qumran um die ausgelagerte Tempelbibliothek aus Jerusalem handeln sollte, unterschiedliche Herkunftsorte innerhalb Jerusalems. Qumran selbst sei eine Herodianische Festung ohne besonderen Bezug zu Essenern gewesen. Während die von Golb angeführten kritischen Punkte wohl alle zu Recht bestehen, ist die von ihm vertretene neue These wiederum mit großen Schwierigkeiten behaftet. Vor allem für die kritischen Einwände Golbs hat Matthias Klinghardt stützende Argumente geliefert.

Strittig bleibt der archäologische Befund in fast allen Einzelheiten. Unter ä) wird in der folgenden Darstellung jeweils die ältere These genannt, unter n) die neuere.

1. *Zweistöckiges Hauptgebäude*, 15 × 15 m, Untergeschoß gemauert, Obergeschoß aus Holz, verbrannt 68 n. Chr., Verbindung zum Wehrturm

Obergeschoß (Raum von 14 × 4,5 m)

ä) Im Obergeschoß ein Schreibraum (*Scriptorium*) zur Beschriftung von Leder- und Papyrusrollen. Lehmreste konnten zu Schreibtischen zusammengesetzt werden. Tintenfässer (Betz/Riesner: 5; Golb: 2, drittes an anderer Stelle);
auch sonst kurze Inschriften auf Krügen und Scherben (Alphabet-Schreibübung).

Texte inhaltlich den Essenern zuzuordnen (Betz/Riesner: »nur essenische Schriften«), kein eindeutig pharisäischer oder sadduzäischer Text.

n) Antike Schreiber saßen nicht an Tischen (Abbildungen!), die Bruchstücke von Gipsplatten müssen nicht von Schreibtischen stammen.
In diesem und anderen Räumen: Keinerlei Funde von Pergament oder Glättungswerkzeugen, Schreibwerkzeugen, Nadeln oder Fäden. Der Schriftstil auf Ostraka und Krügen ist nur typisch für die Zeit des 1. Jh.s v. Chr. bis 1. Jh.s n. Chr. Nach neueren Hypothesen sind die »Schreibpulte« möglicherweise Liegebänke eines Speiseraums. Schwierigkeiten bereitet zudem, daß die Tintenfässer in einer ganz anderen Etage des Hauses gefunden wurden, nämlich in der unteren.

Untergeschoß

ä) Werkstatt zur Herstellung von Schriftrollen
Bibliotheksräume:
rechts Eingang zur Bibliothek, als erstes Leseraum ohne Tageslicht (oder: »Sitzungszimmer« für den Rat der Gemeinschaft [»Ratshalle«]). Fenster von der Bibliothek in den Leseraum zum Durchreichen von Handschriften; rechts gegenüber der Eingangstür die eigentliche Bibliothek für ca. 1000 Schriftrollen.

n) Keine Funde von Lederrollen oder Papyri in ganz Qumran selbst (wohl aber z. B. in Masada).
Die »Ratshalle« mit den umlaufenden Sitzgelegenheiten kann auch eine Synagoge gewesen sein.

2. *Küche, Bäckerei, Vorratsräume, Getreidemühlen*

3. *Wirtschaftsgebäude* (mit Doppelöffnungen für kleinere Handelsgeschäfte wie in späteren Klöstern [H. Stegemann]), 3 Töpfe mit 561 Münzen

4. *Gebäude mit Feuerstelle und Wasserbecken*
ä) Feinledergerberei
n) –

5. *Halle* (22 × 4,5 m) mit Tauchbecken am Eingang
ä) Versammlungshalle für alle essenischen Vollmitglieder, jeder mußte das Tauchbecken passieren.
n) –

6. *Wehrturm*
ä) Gegen die These »Militärsiedlung« spricht, daß Wälle, Gräben und Waffen nicht gefunden wurden.
n) Qumran war Militärsiedlung, es wurden Speerspitzen gefunden.

7. *Töpferei*
ä) Die Töpfe in Höhle 1 sind von derselben typischen Keramik, wie sie in der Töpferei von Qumran gefunden wurde. D.h. in Qumran wurden nicht nur die Schriftrollen verfertigt, sondern auch ihre Verpackung.
n) Warum sollen die Menschen, die die Rollen in den Höhlen versteckten, nicht die Krüge aus Qumran besorgt haben? Aber das beweist noch nichts für die Entstehung auch der Rollen dort. Auch in Murabba'at wurden Krüge dieser Art gefunden, und hier führt niemand die Schriftreste auf Essener zurück.

8. *Großer Raum*

ä) Refektorium mit »Sitz« des Vorsitzenden der Ratsversammlung

n) Speisesaal ist möglich, aber es kann auch der Sitz des Kommandanten gewesen sein. Bei dem »Sitz« handelt es sich um ein kleines Steinpodest, das recht mutig als Sockel eines Rednerpultes interpretiert wird. Der Sockel befindet sich aber direkt vor der Tür – als sich der Redner nachhaltig verkühlt hatte, baute man das Rednerpult wieder ab.

9. *System von Wasserleitungen*

ä) Gesteigertes Reinheitsbedürfnis der Essener

n) Ritualbäder wurden von allen praktizierenden Juden vollzogen.

10. *Friedhöfe*

Hauptfriedhof mit 1000 Einzelgräbern, 3 kleinere Grabfelder (hier zur Hälfte Frauen!)

ä) Hauptfriedhof für Vollmitglieder; daraus zu erschließen: pro Jahr lebten in Qumran rund 48 essenische Vollmitglieder. – Frauengräber weisen auf zölibatäre Hauptgruppe und andere Nebengruppen, die die Ehe erlaubten.

n) Gemischte Friedhöfe widerlegen die Klosterthese. Daß 10% der Beerdigten gebrochene Knochen hatten, macht Soldatentod möglich.

11. *Wohnhöhlen*

8 Q: Gebetsriemenkapsel und Türpfostenkapsel des letzten Bewohners gefunden

Tauchbad in Qumran (Foto: Jörg Zink)

12. *Fund einer Hacke*

ä) Diente zur Verrichtung der Notdurft von Essenern nach Josephus b 2,148

n) Nicht jede Hacke dient in dieser Gegend nur dem Vergraben der Notdurft!

Mit den Kritikern des älteren Konsenses kann man sagen: Nichts weist darauf hin, daß es sich in Qumran um einen klösterlichen Ort handelte. – In keiner Schrift aus den Höhlen finden sich Hinweise auf zölibatäres Leben.

G. Hagenow (1998) macht darauf aufmerksam, daß jeder in Qumran das findet, was seine Vorbildung vermuten läßt: Die französischen Dominikaner fanden ein Kloster (R. de Vaux), andere einen Kibbuz (landwirtschaftliche Domäne; R. Donceel), ein Amerikaner eine militärische Festung (N. Golb), der deutsche Qumranforscher ein Verlagshaus (H. Stegemann), ein jüdischer Gelehrter ein sadduzäisches Studienzentrum (L. H. Schiffman), schließlich ein postmoderner Franzose einen essenischen Tempel (J.-B. Humbert).

Die Diskussion um die Trägerkreise

Essener in Qumran?

Fast die gesamte herkömmliche Forschung zu den Qumranfunden ist davon ausgegangen, daß es sich bei der »Trägerschaft« der Texte um eine Gruppe von Essenern handeln müsse. Die Anhaltspunkte für diese weitgehende Hypothese sind folgende:

Wasserleitung in Qumran (Foto: Jörg Zink)

1. Eine Reihe antiker jüdischer und nichtjüdischer Schriftsteller erwähnt eine jüdische Richtung, die sie ›Essaioi‹ oder ›Essenoi‹, lat. ›Essei‹ oder ›Esseni‹ nennen. Es handelt sich in jedem Falle um eine Gruppe mit strengerem, religiös geprägtem Lebensstil.

2. C. Plinius Secundus d. Ä. berichtet in seiner *Naturalis historia*, Buch 5,73, von Esseni, die in der Nähe von En Geddi gelebt hätten. Er schildert sie als zölibatäre Gruppe ohne Geldgebrauch. Auch Masada und das Tote Meer werden erwähnt.

3. Von den älteren Schriftstellern berichten über diese Gruppe: die beiden jüdischen Schriftsteller Philo und Josephus, ferner wohl Dion Chrysostomus. Hippolyt und Hegesipp erwähnen sie unter den christlichen Häresien, Epiphanius von Salamis unterscheidet ›Jessäer‹, samaritanische ›Essaioi‹ und jüdische ›Ossäer‹. Im folgenden werden die Berichte mit Fundort angegeben und kurz charakterisiert:

Philo v. Alexandrien (1. Jh. n. Chr.):

4000 Essäer im palästinischen Syrien, wohnen in Dörfern und meiden die Städte, kein Geld und großer Grundbesitz, keine Waffenherstellung, kein Großhandel, keine Reederei, keine Sklaven.

(*Über die Freiheit des Guten*, ProbLib 72–91)

Essäer wohnen in Dörfern und Städten, ältere Männer, ohne größeren Besitz, »alles gemeinsam«, gemeinsame Tafel und Kleidung.

(*Verteidigung der Juden*, Eusebius, praep ev 7,11)

Nachdem Philo, wie er sagt, über die Essäer gehandelt hat, spricht er über die Therapeuten. Das Verhältnis dieser Gruppe (wichtig: gemeinsame Mahlzeiten) zu den Essenern bleibt offen.
(*Das betrachtende Leben*, VitCont 1–90)

Flavius Josephus:
Judas, ein Essener mit Schülern, weissagt.
(*Jüdischer Krieg* 1,78–80)

Simon, ein Essener, Traumdeuter.
(Ebd. 2,111–113)

Essener treiben neben Pharisäern und Sadduzäern »Philosophie«, »lieben einander« mehr als die anderen Gruppen, asketisch-frauenfeindlich, übereignen bei Eintritt ihr Vermögen der Gruppe, lehnen Öl ab und tragen weiße Kleider, gemeinsames Vermögen wird von einem dazu Gewählten verwaltet, keine besondere Stadt, in jeder Stadt wohnen viele; nehmen auf Reisen nur Waffen mit zum Schutz gegen Räuber, sonst nichts. Gebet vor Sonnenaufgang, gemeinsames Mahl mittags und abends (mit Tischgebeten), Ablehnung des Schwörens; Heiler-Tätigkeit; Noviziat, Eide bei Eintritt (auch: die Ungerechten zu hassen und auf der Seite der Gerechten zu kämpfen); Ausstoßung bei Verfehlungen, Sabbatobservanz, Vergraben der Exkremente, gesetzestreue Märtyrer, Seelen unsterblich (Seligkeit oder ewige Strafe).
(Ebd. 2,119–161)

Ein Essäer Johannes wird Oberbefehlshaber.
(Ebd. 2,566–568)

Der Essäer Johannes, kräftig und klug.
(Ebd. 3,9–12)

(In Jerusalem gibt es ein »Essenertor«.)
(Ebd. 5,142–145)

Neben Pharisäern und Sadduzäern werden die Essener als jüdische »Gruppe« genannt. Nach ihnen steht »alles unter der Macht des Schicksals«.
(*Jüdische Geschichte* 13,171 f.)

Die Essener sind den Pythagoräern vergleichbar; sie weigerten sich, Herodes den Treueid zu leisten, er ließ sie gewähren.
(Ebd. 15,371–379)

Essener neben Pharisäern und Sadduzäern als jüdische Philosophie; »alles Gott überlassen«, keine Opfer, keine Ehe, keine Sklaven, Gütergemeinschaft, Ackerbau. Priesterliche Verwalter sorgen für das Praktische.
(Ebd. 18,11.18–22)

Josephus macht als junger Mann Bekanntschaft mit den drei »Gruppen«, Pharisäern, Sadduzäern und Essenern. Bei einem Mann namens Bannus lebt er drei Jahre lang asketisch und heilig; stand dieser den Essenern nahe? Dann schließt er sich den Pharisäern an.
(*Autobiographie*, 10–12)

altruss. Josephus:

Wie Josephus, b 2,119–161, dazu noch: Weissagen, (geheime) Bücher mit Engelnamen; eine Gruppe heiratet und zeugt Kinder, lebt dann aber getrennt; Gastfreundschaft, nächtliches Singen.
(*Jüdische Geschichte* II 8,2)

Dion Chrysostomus (ca. 40 bis 112 n. Chr.).

Essener haben »glückliche Stadt« am Toten Meer, nahe bei Sodom.

(*Nach Synesios von Cyrene*, 3,2)

Hegesipp:

Essener in christlicher Liste jüdischer Häresien.

(*Erinnerungen, Eusebius hist. eccl.* 4,22,4–7)

Hippolyt von Rom:

Vgl. oben Josephus, b 2,119–161 und altruss. Josephus.

(*Zurückweisung* IX 18,2–28,2)

4. Unter den Schriften aus Qumran schien die sog. Sektenregel besonders auf die Essener zu weisen, die ihren Namen schon unter dem Eindruck erhielt, es müsse sich hier um eine zumindest quasi-monastische Gemeinschaft handeln. In der Tat berichtet 1 QS von einer gemeinsamen Kasse und von gemeinsamen Mahlzeiten. Auch gibt es hier eine Probezeit und die Möglichkeit des Ausschlusses.

Gegen eine besondere Verbindung zwischen den Qumrantexten und Essenern sprechen die folgenden Argumente:

1. Zu dem in seiner Herkunft ungeklärten Namen Essener (usw.) findet sich in keinem einzigen Dokument aus Qumran eine Entsprechung. Es fehlt überhaupt jede Gruppenbezeichnung, die im Sinne einer Selbstbezeichnung verwendet worden wäre. Der Ausdruck *osseh hatorah*, »Täter der Torah«, von dem angeblich der Ausdruck Essener hergeleitet sei, findet sich entgegen

der Behauptung von Baigent/Leigh in keinem einzigen Qumran-Text. Die Selbstbezeichnung der Träger einzelner Schriften ist *jachad* (»Einung«, Gemeinde) bzw. *eseth ha jachad* (Rat der Gemeinde) oder »Neuer Bund« (s. S. 153).

2. EnGeddi, das Plinius erwähnt, liegt 32 km südlich von Qumran. Diese Siedlung hat man offensichtlich jetzt gefunden. Die »Süddeutsche Zeitung« berichtet am 28.1.1998 S. 12, der israelische Archäologe Jishar Hirschfeld habe »hoch über Ein Geddi« am Toten Meer 20 kleine Steinhütten aus dem 1. Jahrhundert entdeckt, und er halte sie für eine Essenersiedlung. – Damit entfällt jeder Grund, die Mauerreste von Qumran weiterhin mit der von Plinius angegebenen Essenersiedlung gleichzusetzen.
3. Auch einzelne Höhlen liegen weit von Qumran entfernt, so 1 Q etwa 1,3 km nördlich von Qumran, 3 Q 2,3 km nördlich von Qumran, 11 Q rund 2 km, 6 Q 300 m westlich von Qumran. Nur die Höhlen 4, 5 und 7–10 liegen direkt bei dem Ruinenhügel Qumran, aber von diesen Höhlen barg nur Höhle 4 nennenswerte Handschriftenfunde! Nun ist Entfernung kein besonders starkes Argument, zumal Keramikfunde die Höhlen mit den Ruinen verbinden – auch wenn man aus dieser Tatsache nicht schließen muß, daß die Schriften aus Qumran stammen
4. Die Nachrichten über die Essener sind in der Regel so unspezifisch, daß eine historische Identifikation im Sinne einer einheitlichen Gruppe schwerfällt. Hier ist also zunächst das Problem der historischen Theoriebildung überhaupt gegeben: Kann man eine kaum be-

stimmbare Gruppe mit wenig festen Merkmalen identifizieren mit den angeblichen Trägern von rund 800 Textrollen aus Qumran, die inhaltlich genauso unspezifisch sind?

5. Man kann zeigen, daß die mit 1 QS übereinstimmenden Merkmale keine Besonderheit der Essener sind, sondern typische Kennzeichen antiker Vereine.[20]
6. Texte mit asketischem Inhalt sind aus Qumran nicht bekannt geworden. Diese Ausrichtung gehört aber zum Merkmal aller Essenertexte. Auch über Frauen oder Sexualität findet sich dort nichts Erhebliches.
7. Die soziale Organisationsform ist nach den Angaben der Antike denkbar unterschiedlich und läßt weder ein klösterliches Zusammenleben noch eine Existenz als Wüsten-Camp zu. Überdies ist jede Theorie über die klösterliche Existenzform der Essener oder der Menschen in Qumran ein platter Anachronismus. Erst vierhundert Jahre später gab es so etwas wie christliche Klöster als Gemeinschaften.
8. Weder Schicksalsgläubigkeit noch weissagerische Tätigkeit, die Josephus so oft mit Essenern verbindet, haben in den zahlreichen Schriften von Qumran irgendeine Spur hinterlassen. Das gilt erst recht für die angebliche Unsterblichkeit der Seelen, die sie lehrten. Höchstens die Brontologien aus Qumran könnten mit einiger Mühe in diese Richtung gedeutet werden (Astrologie!).
9. Etwa 25 % der *biblischen* Texte aus den Textfunden von Qumran sind nach Angaben des Spezialisten E. Tov in

20 Matthias Klinghardt, *Gemeinschaftsmahl und Mahlgemeinschaft*, Tübingen 1996.

einer einheitlichen Schreiberpraxis abgefaßt. Zu deren Eigentümlichkeiten gehören z.B. sehr ausführliche sog. *plene*-Schreibungen (d.h. die Konsonanten, mit denen sich Vokale verbinden, werden ausgeschrieben. Die Vokale müssen daher beim Lesen nicht nur ergänzt werden, sondern ein Konsonant markiert ihren Ort) und der Gottesname in althebräischer Schrift. Tov spricht hier von »qumranischer Schreiberpraxis«, da auch manche der sog. »Sektentexte« (wie Pescharim und Hymnen) so geschrieben seien. Dazu ist zu sagen: 1. Auch wenn hier eine Einheitlichkeit vorliegt, so weist nichts darauf, daß diese speziell etwas mit den Steinruinen von Qumran zu tun hat. 2. Die Abgrenzung der »Sektentexte« ist willkürlich, da z.B. die Hymnen auch überall anderswo von bedrängten Gerechten gesprochen worden sein können. 3. Für die verbleibenden 75% übriger Texte fällt auch nach der Lösung von E. Tov ein Ursprung in Qumran weg. 4. Insgesamt lassen sich für die Qumrantexte ca. 850 verschiedene Schreiber ermitteln. Das paßt nicht zur Hypothese, der »Schreibraum« in Qumran sei der Ort der Herstellung aller dieser Texte.

Im übrigen sind die Essenertexte so stark idealisierend, daß man sie getrost als Gegenprojektion zu jeder bestehenden männlich beherrschten Gesellschaft ansehen kann. Die Frage nach dem Realitätsgehalt ist daher ernsthaft zu stellen, und das gilt besonders angesichts dessen, daß man über vergleichbare ideale Gesellschaften z.B. aus der jüdischen Zosimos-Erzählung Bescheid weiß.

Derartige ideale Männergesellschaften sind geradezu

ein Fabel-Topos, der zu unterschiedlichen Zeiten doch immer ähnlich besetzt gewesen ist. Was bei den Juden rechabitische Genossenschaften gewesen sein sollen, waren bei den Griechen Gymnosophisten, im Mittelalter die Elia-Jüngerschaften nach der Tradition der Karmeliter und in der Frühen Neuzeit bis zu den Funden von Qumran – eben die Essener. Siegfried Wagner hat diese Theorien dargestellt.[21] Es nimmt nicht wunder, daß dieser bedeutende Topos sich alsbald der Qumranfunde bemächtigte und sie bis zur Unkenntlichkeit überfremdet hat.

Im Jahre 1993 erschien die Untersuchung von Roland Bergmeier über *Die Essenerberichte des Flavius Josephus*, in der er darstellt, daß Josephus recht unterschiedliche Quellen verwendet und kombiniert hat. Diese Quellen stellten selbst bereits jüdisch-hellenistisch eingefärbte Berichte über »ideale Männergesellschaften« (nach dem Vorbild von Philosophenschulen) dar. Bergmeier fand heraus, und darin stimmte ihm Johann Maier zu: »... doch weisen manche Unterschiede darauf hin, daß hinter diesen ›Essäern‹ und ›Essenern‹ zwar ähnlich strukturierte und organisierte, aber nicht unbedingt mit der Qumrangemeinschaft identische Gruppen standen. Die Palette der Gruppenbildungen war offensichtlich auch auf dieser priesterlich beherrschten Seite recht bunt. Somit empfiehlt es sich, sowohl die Essenerquellen wie die Qumrantexte zunächst für sich auszuwerten und nur unter Berücksichtigung der beschriebenen Situation zur wechselseitigen Ergänzung

21 Siegfried Wagner, *Die Essener in der wissenschaftlichen Diskussion vom Ausgang des 18. bis zum Beginn des 20. Jahrhunderts*, Berlin 1960 (Beihefte zur Zeitschrift für die neutestamentliche Wissenschaft, 79).

heranzuziehen. Dies um so mehr, als sich inhaltlich-theologisch doch erhebliche Differenzen ergeben.«[22] Maier nennt als Gegensatz die pazifistische Ausrichung der Essener im Kontrast zur militanten Mentalität z. B. der Kriegsregeln. Das Phänomen »Essener« sei ein komplizierterer Sachverhalt, in dessen Rahmen die Qumrangemeinschaft (wenn es sie denn gab; Hinzufügung K. B.) nur einen von mehreren Faktoren dargestellt habe.

Qumran-Essener. Zusammenfassung

Wer waren also die Essener? Nach den Berichten außerhalb der Qumrantexte fällt es schwer, einheitliche besondere Merkmale zu nennen.

a) Zu einem Teil sind die Berichte unwahrscheinlich bzw. durch keine historischen Daten gedeckt. Das betrifft z. B. alles, was über Sexualität, Frauen und Kinder berichtet wird. Es ist auch nicht vorstellbar, daß es eine breite zölibatäre Bewegung im damaligen Judentum gegeben hat. Entsprechendes gilt von den stoischen Idealen der Gleichheit, gegenseitigen Liebe, des Gleichmuts und der philosophischen Enthaltsamkeit.
b) Zum anderen gehen die Berichte nicht über das hinaus, was wir als »gut jüdisch« oder »traditionell jüdisch« im Sinne der Bindung an elementare Gebote des Alten Testaments bezeichnen müssen, wie etwa Sabbatgebot, Beschäftigung mit der Schrift und Geltung der Autorität des Mose.

22 Maier, *Die Qumran-Essener*, Bd. 3, S. 51 f.

c) Außerdem sind einige Züge antiken Vereinen und religiösen Genossenschaften entnommen. Dazu gehören die gemeinsamen Mahlzeiten, die Ausschlußriten und die Schwüre beim Eintritt in die Genossenschaft.
d) Bereits erwähnt wurde, daß der Anteil idealisierender Züge sehr hoch sein kann. Schon antike jüdische Autoren selbst bemerken die Querverbindungen zu den Pythagoräern. Auch derartige Genossenschaften stehen weitgehend im dunkeln.

Aus alledem geht hervor, daß man Nachrichten über antike jüdische Essener stets mit großer Vorsicht behandeln muß. Es kann nicht gelingen, daraus eine einheitliche Bewegung zu rekonstruieren. Das gilt besonders für den Mut, mit dem man durchgehend die »Therapeuten« Philos von Alexandrien für die Essener vereinnahmt.

Wenn man sagt, die so benannten Menschen seien insgesamt als *religiös traditionell* orientierte Juden zu bezeichnen, ist man wohl vorsichtig genug. Es handelt sich demnach um eine Sammelbezeichnung für eine eher geistesgeschichtlich orientierte denn strikt soziologisch oder organisatorisch faßbare Gruppe.

Damit bleibt das Phänomen beachtenswert genug. Zwar bleibt ganz unsicher, ob es sich um Sympathisanten handelt, die über das ganze Land, über Städte und Dörfer verstreut waren, oder ob eine Gruppe nahe Alexandrien enger zusammen wohnte oder ob es gar in Qumran eine Siedlung essenischer Art gab (was unbeweisbar ist), doch sicher ist, daß es sich um eine bestimmte fromme »Elitegruppe« handelte. Dieses Phänomen ist als die bewußte Antwort auf starke Tendenzen zur Hellenisierung und

Zersplitterung zu begreifen. Die berichteten asketischen Tendenzen interpretiert man wohl richtig im Sinne einer vom hellenistischen Standpunkt aus vorgenommenen Erfassung bestimmter Neigungen, sich gegenüber der hellenistischen Zivilisation zurückzuhalten.

Wenn christliche Exegeten dann unbefangen von einer »Gemeinde« der Essener reden,[23] fühlt der Leser sich unmittelbar in pietistische Distrikte Württembergs versetzt. Auch die angebliche Tempelkritik und Sezession vom Tempel, die unter dem Lehrer der Gerechtigkeit erfolgt sein soll, folgt eher pietistischen Leitbildern. Auch die Vokabeln »Kirche«, »Orden«, »Sekte« und »Noviziat«, die unbefangen für die Gruppe bzw. die Probezeit verwendet werden, lassen überdeutlich erkennen, daß es sich hier um Forschungsstereotype handelt. Deren Skopos besteht immer wieder darin, sich in den offensichtlich (im Verhältnis zu den übrigen Juden) edleren Essenern irgendwie wiederzuerkennen.

Wenn es schon unabhängig von den Qumrantexten kaum möglich ist, die Essener historisch zu erfassen, verbietet es sich erst recht, die 800 Rollen von Qumran als Selbstzeugnis dieser Gruppe zu verstehen. Dazu sind diese Rollen inhaltlich viel zu unterschiedlich, und sie auf eine gemeinsame theologische Linie zu zwängen ist sicherlich nicht mit Erfolg gesegnet.

23 So Otto Betz in: *Theologische Realenzyklopädie*, Bd. 10, S. 387.

Der Lehrer der Gerechtigkeit

Textbefund

Der »Lehrer der Gerechtigkeit« (wörtlich: »der Weisung gibt, der gerecht ist«) findet sich sicher belegt und in einem Kontext, der inhaltliche Schlüsse zuläßt, nur in drei Schriften aus Qumran (CD, 1 QpHab und 1 Q 14). Hinzu kommen noch drei sehr hypothetische Lesungen in kleineren Fragmenten. Im Grunde bleibt es daher bei den seit langem bekannten zwei Schriften. Die historischen Konstruktionen, die man mit diesem Namen verbunden hat, stehen nun allerdings in gar keinem Verhältnis zur Spärlichkeit der Belege. Zunächst sind die Belege zu nennen (das Ergänzte steht in Klammern):

1. **CD 1,10f.:** »Dann merkte Gott auf ihre Taten, weil sie mit ganzem Herzen nach ihm fragten. (11) Und er ließ für sie aufstehen einen Gerechtigkeits-Anweiser, sie zu führen auf seines Herzens Weg …«
2. **CD XX 32:** »(die Männer der Einung) und hingehört haben auf die Stimme (des) Gerechtigkeitslehrers und nicht verlassen die Vorschriften der Gerechtigkeit …«
3. **1 QpHab 1,12f.:** »*(Und das Recht ergeht nimmermehr, denn ein Gottloser umzinge)lt den Gerechten* (Hab 1,4) (13) (Die Deutung bezieht sich … und der Gerechte), das ist der Anweiser der Gerechtigkeit.«
4. **1 QpHab 2,1–3:** »*es erzählt würde* (Hab 1,5) (Seine Deutung bezieht sich auf die) Verräter mit dem Mann (2) der Lüge, denn sie haben nic(ht gehört auf die Worte) des Anweisers der Gerechtigkeit aus dem Mund (3) Gottes. Und auf die Verrä(ter am Bund), dem neuen,

denn sie haben sich nicht als gläubig bewährt im Bund Gottes …«

5. **1 QpHab 5,8–12:** »*Warum seht ihr Abtrünnige zu, und schweigst du, wenn der Frevler den verschlingt,* (9) *der gerechter ist als er?* (Hab 1,13). Seine Deutung geht auf das Haus Absalom (10) und die Männer ihres Rates, welche geschwiegen haben bei der Zurechtweisung des Anweisers der Gerechtigkeit (11) und ihm gegen den Lügenmann nicht geholfen haben, der da verachtet hat (12) die Torah inmitten ihres An(hangs).«
6. **1 QpHab 7,3 f.:** »Und wenn es heißt: *Damit eilen kann, der darauf liest* (Hab 2,2) (4) so geht seine Deutung auf den Anweiser der Gerechtigkeit, dem Gott kundgetan hat die Gesamtheit der Mysterien der Worte seiner Diener, der Propheten.«
7. **1 QpHab 8,1–3:** »… alle Täter der Torah im Hause Judah, welche (2) Gott erretten wird aus dem Haus des Gerichts wegen ihres Bemühens und (wegen) ihrer Treue (3) zum Anweiser der Gerechtigkeit.«
8. **1 QpHab 9,8 f.:** »*Wegen Blutschuld an Menschen und Gewalttat am Land, Stadt und alle(r) ihrer Bewohner* (Hab 2,8). (9) Seine Deutung geht auf den Frevelpriester, den wegen der Verschul(dung) am Anweiser (10) der Gerechtigkeit und an den Männern seines Rates Gott in die Hand seiner Feinde gegeben hat, um ihn zu demütigen …«
9. **1 QpHab 11,4–6:** »Seine Deutung geht auf den Frevelpriester, der (5) den Anweiser der Gerechtigkeit verfolgt hat, um ihn zu verschlingen im Zorn (6) seines Grimms, ihn gefangen wegführen wollend.«
10. **1 Q 14 Fragm. 8–10 Z. 6:** »… seine Deutung geht auf

den Lügenprediger ... (5) die einfältigen ... (seine Deutung bezieht sich au)f den Anweiser der Gerechtigkeit, da er ...«

11. **4 Q 171 III Fragm. 3+4,15–19:** »*Jahwe stützt seine Hand* (Ps 37,23). Seine Deutung geht auf den Priester, den Anweiser der (Gerechtigkeit, daß) (16) durch ihn Gott (gespr)ochen hat, und um aufzutreten.«
12. **4 Q 171 IV 27:** »*und meine Zunge ein Griffel (eines geläufigen Schreibers)* (Ps 45,2). Seine Deutung (geht) auf den Anweiser (der Gerechtigkeit).«
13. **4 Q 172 Fragm. 7:** »... Anweiser der (Gerechtigkeit) ...«
14. **4 Q 173 Fragm. 1:** »... des Anweisers der Gerechtig(keit) ...«
15. **4 Q 177 XI 13:** »und sie zu zerstreuen in ein Land von Dürre und Ödnis. Das ist die Zeit der Erniedrigung des Anweise(rs der Gerechtigkeit (?)) ...«

Auswertung: Von den 15 Belegen sind 5 nur Konjekturen (Nr. 11, 12, 13, 14 und 15), in 2 Belegen fehlt jeder Kontext (Nr. 13 und 14). Aus allen *diesen* Texten sind daher eigentlich gar keine Schlußfolgerungen möglich. In Nr. 1 ist überdies nicht von *dem* »Anweiser der G.« die Rede, sondern nur von *einem*.

Aus den verbleibenden Texten geht hervor:

1. Dieser Mann ist ein Ausleger der Schrift, die als Gesamtheit der »Propheten« begriffen wird. Seine Deutungen werden auf Gottes Inspiration zurückgeführt; er versteht sich also wohl selbst in gewissem Sinne als

prophetische Gestalt. – Entsprechend ist auch von ihm immer wieder im Zusammenhang mit Schriftdeutung nach der Methode des *midrasch pescher* die Rede (Nr. 3, 4, 5, 6, 8, 9, 10, 11, 12).

2. Dieser Mann hat offenbar Gegner, die unterschiedlich genannt werden:

- ein Gottloser umzingelt ihn (Nr. 3; Schriftzitat aus Hab 1,4)
- Lügenprediger (Nr. 10)
- Lügenmann bzw. Mann der Lüge (Nr. 4)
- Frevelpriester (Nr. 8, 9)
- Verräter am Bund (Nr. 4)
- Der (bzw. ein) Gegner hat den Anweiser der Gerechtigkeit verfolgt; möglicherweise ist dieser erniedrigt worden (Nr. 15).

Es ist nicht ausgemacht, daß sich alle diese Namen auf denselben Gegner beziehen.

3. Zu diesem Mann halten sich »Treue«, »Männer seines Rates«. Auf dem Spiel steht der Gehorsam gegenüber seiner Schriftauslegung.
4. Dieses alles wird hauptsächlich an der Auslegung des Buches Habakuk deutlich. Es ist gut möglich, daß es sich bei dieser Auslegung, die in 1 QpHab erhalten ist, um ein Exempel der Art von Schriftauslegung handelt, wie sie der »Anweiser« selbst geliefert hat.
5. Mit aller Vorsicht kann man mit einer möglichen Sezession innerhalb der Gruppe rechnen, die zum »Anweiser« gehörte. Der Anführer dieser Sezession ist mit der oder den gegnerischen Figur(en) identisch.

Alles Weitergehende, insbesondere alle Theorien über einen Konflikt um den Tempel in Jerusalem und/oder das Amt des Hohenpriesters, ein Auswandern nach Damaskus oder nach Qumran unter Leitung des »Anweisers« sind vollständig hypothetisch. Alles, was erkennbar ist: eine in sich zerstrittene Gruppe um eine prophetische und zugleich schriftgelehrte Figur.

Der verfolgte Gerechte

Manche Texte in den Hymnen bezeugen nun zwar nicht den »Lehrer der Gerechtigkeit« als Autor, aber zumindest eine ähnlich zerrissene religiös-theologische Landschaft. Auch viele Lehrer und Schriftausleger des frühen Christentums reihen sich in diesen Teilausschnitt aus dem Bild des damaligen Judentums ein. Sind Paulus, der Verfasser des Barnabasbriefes und Apollos, sicher auch der Jesus des Matthäusevangeliums nicht ähnlich auf »verlorenem Posten« kämpfende prophetische und schriftgelehrte Gestalten des Judentums dieser Zeit? – Hören wir zunächst aus den Hymnen der Qumranhöhlen:

»Und du, mein Gott, hast mich gemacht
zum schattendichten Gesträuch,
zur heiligen Gemeinde,
und hast mich unterwiesen in der Ordnung
deines Bundes,
und ich rede, wie deine Jünger es tun.
Doch der Geist des Entsetzlichen hat keine Sprache,
und die Schuldigen können nicht reden,
denn Lügner verstummen,

weil du verurteilt hast alle,
die mir feind sind.
Denn durch mich scheidest du
zwischen gerecht und böse.«
(Berger, S. 82)

»Doch was die Gegner wider mich planen,
wird ihnen zur Schande.
Wenn du meine Feinde stärkst gegen mich,
wird ihnen das zur Falle.
Sie werden beschämt und zuschanden alle,
die gegen mich aufgebracht waren.
Denn du, mein Gott, führst den Streit für mich,
in deiner verborgenen Weisheit hast du mich belehrt.
Und du hältst die Wahrheit unter Verschluß,
bis du sie zu ihrer Zeit offenbarst ...
daß meine Feinde mich schmähen,
krönt mich mit Herrlichkeit ...«
(Berger, S. 93)

An diesem Text wird besonders deutlich, daß die Gestalt des leidenden Gerechten (z. B. aus Jesaja und Psalm 22) im Frühjudentum zur Gestalt des verfolgten Lehrers der rechten Lehre wird. So ergibt sich eine Möglichkeit, auch WeishSal 2 einzuordnen, denn auch hier geht es um einen individualisierten Typus des Gerechten, der von seinen Gegnern physisch (!) bedroht wird. Vielleicht geht es um eine besondere Gattung: Der einzelne weise und gerechte Lehrer, der Vertreter der reinen Position des Gesetzes, sieht sich bedroht und verfolgt, ja auch physisch bis hin zum Tode bedrängt von der Rotte seiner Gegner.

»Die Gegner luden zahlreiche Sünden auf sich,
und sie werden etwas aushecken gegen mich,
um mich zum Schweigen zu bringen.«
(Berger, S. 101)

»Ich will dich, Herr, lobpreisen.
Denn du hast mich im Beutel des Lebens geborgen,
und du hast einen Schutz aufgestellt für mich
vor allen Fallen des Abgrunds.
Denn Männer der Gewalt
trachten mir nach dem Leben,
weil ich mich hielt an deinen Bund.
Aber sie sind ein Verein, der sich der Lüge verschrieben,
und eine Rotte Satans.«
(Berger, S. 115)

»Aber sie sind heimtückisch
und denken sich Schandtaten aus,
die vom Teufel kommen.
Und sie suchen dich mit unlauterem Herzen
und stehen nicht fest in dir, der du Bestand verleihst.
Ihr Denken ist durchtränkt von Gift und bitterem Wermut.
Und ihr Herz ist verstockt,
so gehen sie dahin und suchen dich unter den Götzen
und straucheln über das,
was sie vor sich als Abgötter aufstellen,
und werden schuldig.
Und sie kommen, dich zu suchen
nach dem Wort von verlogenen Propheten,
die irregeleitet sind von Wahnwitz.

Und sie reden zu deinem Volk
mit Lästern und unverständlicher Sprache.
So verraten sie sich in ihrer Unlauterkeit
durch alles, was sie tun.
Denn sie hören nicht auf deine Stimme,
und sie achten nicht auf dein Wort.
Denn sie sagen über Offenbarung:
›Man weiß nicht, ob es Offenbarung ist‹,
und zum Weg, der nach deinem Herzen ist: ›Das ist kein Weg‹.
... sie haben sich weit entfernt von deinem Bund.«
(Berger, S. 121)

Dieser Text ist sehr aufschlußreich für die Situation des damaligen Judentums. Denn zum einen wird erkennbar, daß es sich um prophetische Ansprüche handelt. Das trifft für den »Anweiser der Gerechtigkeit« nach 1 QpHab 7,3 f. (s. oben S. 134, Nr. 6) ebenso zu wie für die Gegner nach Mk 13,21 und Mt 7,15. Der Prophetenrang ist daher höchst umstritten und gleichzeitig von vielen generell anerkannt. Zum anderen geht es um den Rang der jeweils vertretenen Lehre als »Offenbarung«. Man ist nicht zufrieden, als menschlicher Lehrer anerkannt zu werden, es muß sich schon um von Gott her kommende Enthüllung handeln. Denn sie allein ist Merkmal des Propheten. Schließlich sind »Lästern und unverständliche Sprache« typische Merkmale von Heiden. Denn da sie den Gott Israels nicht (als den allein wahren) anerkennen, lästern sie, und sie sprechen Griechisch. Es geht daher um die allenthalben greifbare Gefahr der Hellenisierung, die hier angesprochen wird.

»Und ich halte mich fest an dir,
und so will ich mich aufrichten
und will aufstehen gegen die, die mich schmähen,
und mich wenden gegen alle, die mich verachten.
Denn sie schätzen mich erst,
wenn du deine Macht erweist an mir.
(Berger, S. 122)

Der Text entspricht der Abfolge WeishSal 2 und 5.

»Und es streiten und zanken mit mir
meine Genossen.
Vorwurfsvoll und zornig sind,
die zu meinem Bund gehören.
Unzufrieden und aufgebracht sind sie
gegen alle meine Vertrauten.
Auch die mein Brot aßen,
haben mir den Rücken gekehrt.
Und alle, die zu meinem Kreis gehörten,
lästern gegen mich
und werden schuldig durch Worte.
Und die Menschen meiner Richtung
sind trotzig und murren gegen mich ringsum.
Und wegen der geheimen Botschaft,
die du mir anvertraut hast,
verleumden sie mich
unter denen, die auf der Unheilsseite stehen.
Noch hältst du verborgen,
woher meine Weisheit kommt,
und meine Gabe, verläßlich zu unterweisen …
Aber sie sinnen auf Böses in ihren Herzen

mit teuflischen Machenschaften,
und sie lügen, wenn sie nur den Mund auftun.«
(Berger, S. 125f.)

Dieser intensive Klagehymnus könnte auch durchaus vieles von dem beschreiben, was die Evangelien über Jesu Jünger und auch sein weiteres Publikum im Zusammenhang seines Leidens berichten. Die Ähnlichkeiten beziehen sich auf folgendes: 1. Der Satz: »Auch die mein Brot aßen, haben mir den Rücken gekehrt« gilt im Neuen Testament von Judas. 2. Auch die Jünger Jesu werden als Menschen geschildert, die »lästern gegen mich«, so z.B. in Joh 6. Hier könnte auch gelten: »Und es streiten und zanken mit mir meine Genossen.« 3. Besonders im Markusevangelium gilt das sog. Messiasgeheimnis. Das heißt: Lange Zeit und weithin bleibt verborgen, wer Jesus ist und woher sich seine Legitimität bestimmt. So könnten die Sätze: »Und wegen der geheimen Botschaft, die du mir anvertraut hast, verleumden sie mich ... Noch hältst du verborgen, woher meine Weisheit kommt, und meine Gabe, verläßlich zu unterweisen« auf Jesus bezogen werden. Nach den Evangelien wird Gott erst zu Ostern diese Legitimität Jesu enthüllen.

Zusammenfassend läßt sich feststellen:

1. Man kann nicht erweisen, daß die Hymnen von Qumran sich auf den Lehrer der Gerechtigkeit beziehen oder gar von ihm gedichtet sind.
2. Diese Sichtweise würde nur den Blick auf ein generisches, d.h. gattungsmäßiges Phänomen versperren, nämlich auf die Darstellung der Leiden des einzelnen

Lehrers. Es handelt sich um Klagelieder des einzelnen mit besonderer Zuspitzung. Diese ist dualistisch und besonders auf die Lehre des bedrohten einzelnen bezogen. Die »Sünden« gegen ihn sind entsprechend verbaler Art. Oft bestehen sie auch im Abfall von Jüngern oder Freunden. Diese Gattung ist belegt in Hymnen von Qumran, in WeishSal 2–5 und in den vier Evangelien (wo sie sich mit anderen kreuzt).

3. Diese Gattung wirft Licht auf die Religionssoziologie des Frühjudentums. Erkennbar wird ein bunter Teppich lockerer Schulbildungen. Eine antihellenistische bzw. antipagane Ausrichtung ist bisweilen gegeben.

Geschichte der Qumrangemeinde?

Unter dieser Überschrift läßt sich nur dann überhaupt etwas sagen, wenn man voraussetzt, daß zwischen Textfunden in den Höhlen bei Qumran und den Mauerresten in Qumran ein Zusammenhang der Art besteht, daß die »Träger« jedenfalls des »sekten-relevanten« Kerns dieser Schriften überhaupt eine feste Gruppe waren und in den Mauern des Ruinenarsenals namens »Qumran« wohnten. Von dieser Voraussetzung geht vor allem die ältere deutsche Forschung (H. Stegemann) aus, und sie ist dabei zu folgendem hypothetischem Bild der Geschichte dieser »Gemeinde« gekommen:

159 v. Chr.: Der jüdische Hohepriester Alkimos stirbt.
ca. 157–152: Der jüdische Hohepriester, »der Priester«, wird später »Lehrer der Gerechtigkeit« genannt.

152 v. Chr.: Der Makkabäer Jonathan reißt das Amt des Hohenpriesters gewaltsam an sich. Konsequenz: Der »Lehrer der Gerechtigkeit« wird vertrieben und gründet die »essenische Union«. 364-Tage-Sonnenkalender. – Nur ein Teil der Juden hielt ihm die Treue. Seine Mitarbeiter: Priester aus dem Stamm Zadok. Vereinigt verschiedene Exilgruppen unter seiner Autorität.

- Spaltung der Essener: Ein Teil geht Richtung Damaskus (sie wollen nicht nach Palästina zurück), ein anderer Teil kehrt zurück.
- Der Lehrer der Gerechtigkeit fordert Jonathan auf, auf sein Hohepriesteramt zu verzichten. Der lehnt ab und versucht – vergeblich –, den Lehrer der Gerechtigkeit durch Mord zu beseitigen.

  Jonathan ist in den Schriften von Qumran später der Frevelpriester.

ca. 150 v. Chr.: Der Lehrer der Gerechtigkeit schließt sieben Exilgruppen zu einer gesamtisraelitischen Union zusammen.

- Es bilden sich drei Religionsparteien: Essener (beim Lehrer der Gerechtigkeit), Pharisäer (»Schismatiker«), die nicht zur Rückkehr bereiten Chassidim, Sadduzäer (die Jonathan ergebenen, z. T. von Zadok abstammenden Priester in Jerusalem).

140 v. Chr.: Simeon, Bruder Jonathans, Hoherpriester, vertreibt Seleukiden. Folge: Einfluß des Lehrers der Gerechtigkeit auf Essener beschränkt.
Steigender Einfluß der Pharisäer.

110 v. Chr.: Tod des Lehrers der Gerechtigkeit; kein legitimer Nachfolger. Jedoch herrscht die Erwartung, Gott werde neben dem Messias Israels einen Messias Aarons einsetzen.

ca. 100 v. Chr.: Damaskusschrift (CD) faßt alles für die Essener Wichtige zusammen.
– Essener gründen die Qumran-Siedlung für Herstellung von Schriftrollen.
31 v. Chr.: Erdbeben zieht Siedlung von Qumran in Mitleidenschaft.
ab 20 v. Chr.: Essener beteiligen sich am Tempelbau des Herodes.
ca. 54 n. Chr.: Letztes literarisches Werk der Essener, der Habakuk-Kommentar (1 QpHab) erstellt.
66 n. Chr.: Der letzte bekannte Essener, Johannes, fällt als Aufständischer.
68 n. Chr.: Brand von Qumran.
Spitzen der Brandpfeile der Angreifer bleiben übrig.
Qumran wird römischer Militärposten.
132–135 n. Chr.: Aufständische unter Bar Kochba in Qumran, das sie *mesad chasidin* nennen.
1952: Grabungen.

Beurteilung dieser Übersicht: Fast alle Daten sind aufgrund einer äußerst kühnen Kombinatorik erstellt worden, die kreuz und quer in älteren und neueren Qumranfunden Anhaltspunkte für eine konkrete Geschichte suchte. Diese Art der hypothetischen Rekonstruktion von Geschichte ist waghalsig und stellenweise abenteuerlich zu nennen. Die vieldeutigen literarischen Texte werden zugunsten einer einheitlichen Datenlinie um jede Eigenaussage gebracht. Es ist zu erwarten, daß dieses vollständig »konstruierte« Geschichtsbild einmal sehr gründlich methodisch infrage gestellt wird und dann im wesentlichen in sich zerfällt. Die Zusammengehörigkeit der diesbezüglichen Schriften ist ein reines Postulat, um wieviel mehr dann noch ein geradliniger Geschichtsverlauf.

Bedenklich ist vor allem, daß in Büchern wie der Darstellung von Hartmut Stegemann jeder Hinweis darauf fehlt, daß es sich hier bestenfalls um eine kühne Hypothese handelt. Statt dessen wird forsch ein »Es war so« inklusive Daten verkündet.

Anhaltspunkte für die zeitliche Selbst-Einordnung ihrer Träger geben die Qumrantexte:

390 Jahre (vgl. Ez 4,5: apokalyptische Zahl) babylonisches Exil (CD 1,5 f.),

20 Jahre vom Beginn der Gruppe bis zum Auftreten des Lehrers der Gerechtigkeit (CD 1,10 f.),

40 Jahre vom Ende (Tod) des Lehrers der Gerechtigkeit bis zum Ende (CD 20,15 f.; 4 QPs 37 2,7). Da auch 40 Jahre symbolisch zu werten sind, ist der Erkenntnisgewinn hier nicht sehr groß.

Qumrantexte und das frühe Christentum

Auch hier gehen wir nach Stichworten (alphabetisch geordnet) vor, um die nötigen Angaben über das zu gewinnen, was die Qumrantexte an Ähnlichkeiten und Differenzen zum frühen Christentum erkennen lassen.

Abendmahl: Nach 1 QS gibt es gemeinsame Mähler mit festgelegter Rangordnung; nach 6,2 heißt es: »Und gemeinsam sollen sie essen.« Nach 1 QS 6,5 soll der Priester jeweils den Lobspruch sagen. Mit diesen gemeinsamen Mahlzeiten steht die Trägergruppe von 1 QS neben den Therapeuten, über deren nächtliche Mahlfeiern Philo (*De Vita Contemplativa*) berichtet. – Gemeinsam ist diesen Gruppen mit antiken Vereinen und dem frühen Christentum: Die gemeinsame Mahlzeit aller ist die Mitte der Gemeinsamkeit. Weder in 1 QS noch bei Philo, noch im frühen Christentum setzt das freilich ein gemeinschaftliches Wohnen in demselben Haus voraus.

Adam: »Alle Herrlichkeit Adams« wird nach 1 QS 4,20–23; 1 QH 17,15; CD 3,20 denjenigen Menschen am Ende zuteil, deren Sünde Gott beseitigt hat. Dabei handelt es sich um eschatologische Aussagen. Nach 1 QS 4 geht es um den »ewigen Bund«, in 1 QH 17,15 um »die Fülle der Tage«, in CD 3 um das »ewige Leben«. Wichtig sind diese Belege für den eschatologischen Adam Jesus Christus nach 1Kor 15,22.45. Diesem herrlichen, von Gottes Geist bestimmten letzten Adam werden die Christen gleichgestaltet. Während die Qumrantexte wohl an eine Wiederherstellung der anfänglichen »Herrlichkeit« Adams denken, ist der »herrliche« Adam für Paulus erst mit Jesus Christus gekommen. Gemeinsam ist die körperliche Gleichgestaltung der künftigen erlösten Menschen mit dem wahren und herrlichen Adam.

Arme im Geiste: Der Ausdruck »die Armen im Geist« nach Mt 5,3 wird aufgrund der Texte von Qumran erstmals verständlich, und zwar im Sinne von ›psychisch fertiggemacht‹, ›an den Rand gedrängt‹. In 1 QM 14,6–7 stehen parallel zu »Armen im Geist« solche, deren Herz verzagt, deren Knie wanken und die einen zerschlagenen Nacken haben.

Auferstehung: In 4 Q 521,2,2,12–13 wird Gott am Ende folgendes tun: »Dann heilt er Durchbohrte und Tote belebt er, Armen/Demütigen verkündet er (Gutes), und Niedrige wird er sättigen, Verlassene wird er leiten und Hungernde reich machen.« Geht es um eine allgemeine Totenauferstehung (der Israeliten) im Rahmen der Parusie? Oder werden nur symptomatisch Gottes Wohltaten für die Endzeit erwähnt? Da dieses aus den Qumrantexten die einzige Stelle über Auferstehung ist, bleibt die Frage vorerst offen. Wichtig ist aber, daß bei einer ähnlichen Zusammenstellung der Taten Gottes nach den Jesaja-Prophezeiungen auch in Mt 11,4f. und Lk 7,22 die Auferweckung Toter hinzugefügt ist und hier zum Werk des Messias Jesus geworden ist. 4 Q 521 kennt daher dieselbe Tradition (d.h. Rezension der traditionellen Endzeitwunder nach Jesaja) wie die Mt und Lk hier vorgegebene Logienquelle.

Ausschluß aus der Gemeinde: Analogien zu den im Neuen Testament in Mt 18,15–19 und 1 Kor 5 berichteten Ausschlußverfahren gibt es in CD 20,7 (zeitweiliger Ausschluß: kein Anteil am Besitz und bei der Arbeit) und in 1 QS (kein Kontakt mit Ausgeschlossenen). Wichtig ist das wegen ähnlicher Aussagen in 1 Kor 5,11 (nicht zusammen essen). – Nach 1 QS 7 gibt es je nach Vergehen unterschiedlich lange Ausschlußzeiten.

Bund: Die Gemeinde des »Neuen Bundes« nennt sich der Trägerkreis der CD. Nach Mt 26,28 wird von Jesus beim letzten Abendmahl ein Bund gestiftet, der seine Jünger zusammenbindet und zugleich Jesu Vermächtnis ist. – Der Befund in Qumran und im Neuen Testament läßt den Schluß zu, daß Bund nicht nur eine Institution ist, sondern auch einen bestimmten Teilnehmerkreis umfaßt.

Ehescheidung: Noch strenger als nach Mk 10,1–12 par ist nach CD 4,21–5,1 nicht nur die Wiederheirat nach Scheidung eines Mannes von seiner Frau verboten, sondern auch nach dem Tod der ersten Frau. Die Begründung wird aber wie bei Jesus nach Mk 10 in der Schöpfungsordnung gesehen: »Männlich und weiblich schuf er sie«, und zwar in der Bedeutung: Als *je einen* Mann und als *je eine* Frau schuf er sie.

Engel: Besondere Bedeutung haben in der »Kriegsregel« die Kämpfe der Engelmächte gegeneinander; nach 1 QS entsprechen dem die Kämpfe im Menschen, denen er ausgesetzt ist, da böse und gute Geister sich um Einfluß auf ihn streiten.

Geist, Heiliger: In verschiedenen Texten ist eine enge Verbindung Messias/Geist belegt, so ist in 11 QMelch (=11 Q 13) vom Gesalbten des Geistes die Rede, der der Verkündiger des Evangeliums ist.

Kreuzigung, Kreuzesstrafe: In der sog. Tempelrolle (11 Q 19,64,9–13) erhält die Kreuzigungsstrafe gegenüber Dtn 21,22 f. eine neue Funktion: »Wenn ein Mann Nachrichten über sein Volk weitergibt und er verrät sein Volk an ein fremdes Volk und fügt seinem Volk Böses zu, dann sollt ihr ihn ans Holz hängen, so daß er stirbt. Aufgrund von zwei Zeugen und aufgrund von drei Zeugen soll er getötet werden, und zwar hängt man ihn ans Holz.« – Im Blick auf den Prozeß Jesu wäre zu fragen, ob irgend jemand Jesu Worte gegen den Tempel (der mutmaßliche Grund, gegen ihn vorzugehen) im Sinne des Verrats an die Römer aufgefaßt hat. Wichtig ist jedenfalls im Blick auf Mk 14,58 f. die hier gegenüber Dtn 21 hinzugefügte Zeugenregel.

Lehrer der Gerechtigkeit: Der »Lehrer der Gerechtigkeit«, den einige Texte aus Qumran erwähnen, hat keine Entsprechung in irgendeiner frühchristlichen Figur. Daß er ohne Namen bleibt, hat eine Analogie im »Jünger, den Jesus liebte« nach dem Johannesevangelium.

Lieder, geistgewirkte: Nach der Auffassung der Hymnen von Qumran über den Sänger, der sie vorträgt, sind diese Texte von Gott eingegeben. Typisch für diese Inspirationsauffassung ist etwa 4 Q 504 (DJD 7,145): »Du hast den Geist deiner Heiligkeit auf uns gelegt, damit wir darbringen deine Segnungen.«

Lügenpriester: Auch die Gegner des »Lehrers (Anweisers) der Gerechtigkeit« haben keine Entsprechung im Neuen Testament.

Lügenprophet: Die Behauptung, der in Qumrantexten genannte Lügenprophet sei mit Paulus identisch, ist absurd und unbeweisbar. Auch der vorausgesetzte Konflikt Paulus/Jakobus (»der Gerechte« = »Lehrer der Gerechtigkeit«) spiegelt eher die Diskussion des 19. Jh.s wider und nicht exegetische Einsichten der neueren Zeit.

Melchisedek: In 11 Q 13 (= 11 QMelch) ist Melchisedek zu einer endzeitlichen Heilsfigur geworden. Melchisedek ist jedenfalls Befreier und Richter. Er rettet alle »Söhne Gottes« aus der Hand Belials, des Teufels. Indem er die Freilassung proklamiert, befreit er von der Last der Verschuldung. Wichtig ist, daß der ganze Abschnitt Auslegung der auch im Neuen Testament bedeutsamen Stelle Jes 61,1 geworden ist. Hier findet sich auch der »Verkündiger der frohen Botschaft«, der wohl mit dem »Gesalbten des Geistes« identisch ist. – Der

Text zeigt, daß das Interesse von Hebr 7 an Melchisedek schon auf breiterem frühjüdischem Fundament ruht (vgl. auch Philo von Alexandrien), auch wenn nach Hebr 7 Melchisedek eher ein engelhaftes Wesen zu sein scheint.

Messiaserwartung: Eine einheitliche oder gar durchgehende Messiaserwartung gibt es in den Texten von Qumran nicht. In 1 QSa ist der Messias dem Priester in der künftigen Gemeinde ganz Israels untergeordnet. Nach anderen Texten erwartet man den Messias »Aarons und Israels«, nach anderen außerdem einen Propheten. Nach einigen Texten ist die Verbindung von Messias und Heiligem Geist Gottes wichtig.

Mystik: Verschiedene Texte aus den Höhlen von Qumran sind – wie im Neuen Testament auch Paulus, Hebr und Offb – am Thron Gottes und an dem Weg zu ihm durch den Bereich des Himmels interessiert. Hier liegen wichtige gemeinsame Ansätze einer Orientierung an der verborgenen Majestät Gottes vor, die eine massive Wirkungsgeschichte in den monastischen Bewegungen des 1. Jahrtausends gefunden haben.

Nächstenliebe: Das Gebot der Nächstenliebe (Lev 19,18) wird seinem Kontext gemäß ausgelegt: Es geht nicht um allgemeine Menschenliebe, sondern sehr konkret steht der Umgang mit den Fehlern des Nächsten im Zentrum.

Naherwartung: Nach einigen der Texte aus Qumran wissen sich die Träger in den »letzten Tagen«. Als deren Symptom könnte man es auch ansehen, daß sich Schriftstellen »erfüllen«, indem sie mit zeitgenössischen Größen identifiziert werden. – Das hat schon viel

Ähnlichkeit mit dem Neuen Testament, ist aber z.B. ähnlich auch im 4. Buch Esra belegt. Jede weitergehende Aussage indes, die zu typischen Naherwartungsaussagen führte, vermissen wir in den Textrollen. Es findet sich z.B. weder der Ausdruck »x (z.B.: das Ende, das Gericht, der Zeitpunkt) ist nahe«, noch werden pauschale Terminangaben gemacht wie »diese Generation wird das alles sehen« oder »über diese Generation wird alles kommen«. Wo der Ausdruck »nahe« oder »sich nähern« so vollständig fehlt, kann man nicht von Naherwartung reden. – Speziell der Kommentar zum Buche Habakuk bestätigt das Ergebnis, das sich im ganzen bietet. In 7,2 wird unterschieden »das letzte Geschlecht«, also die Menschen der Endzeit überhaupt, von dem Zeitpunkt »der Vollendung der Zeit«. Das letztere habe Gott Habakuk nicht enthüllt. Dem Lehrer der Gerechtigkeit aber habe Gott kundgetan, »daß sich die letzte Zeit in die Länge zieht, und zwar weit hinaus über alles, was die Propheten gesagt haben«. Und es gilt: »Die letzte Zeit zieht sich über ihnen hin«, »denn Gottes Zeiten kommen nach ihrer Ordnung, wie er es ihnen festgesetzt hat«.

1 QS kennt »Erwählte am Ende der Tage« (4,3 f.), 1 QSa ist die Gemeinderegel für das Ende der Tage gültig (1,1 f.). Nach CD 20,15 sind es 40 Jahre von der Hinwegnahme des Lehrers der Gerechtigkeit bis zum Ende, wobei 40 als bekannte symbolische Zahl verstanden wird. Nach CD 6,11 war es nämlich auch schon »Ende der Tage«, als der Lehrer der Gerechtigkeit da war, d. h. unter den Menschen lebte. Das »ein wenig Zeit« aus Ps 37,10 bezieht 4 QPs 37 auf »alle Gottlosigkeit am

Ende der 40 Jahre« (2,8). – Auch die Kriegsregel, von der man am ehesten terminierte Aussagen erwarten könnte, spricht nur von der dem Ende zueilenden Drangsal. *Fazit:* Die Frage ist zu stellen, welchen Realitätsgehalt die Formel »am Ende der Tage« wirklich haben soll. Denn von einer Zeit oder gar einem Reich danach ist auch nicht die Rede. D.h. für ein wirklich apokalyptisches Fieber fehlt jeder Anhaltspunkt.

Neuer Bund: Die in CD genannte Gemeinde des »Neuen Bundes« faßt sich deshalb so auf, weil sie über das Gesetz belehrt worden ist, während Israel zuvor schon seit jeher »in die Irre« gegangen war. Im frühen Christentum ist der Neue Bund dagegen sehr eng mit der Person des Messias verknüpft: er gibt die vollmächtige Auslegung von Gottes Willen, nach Paulus prägt der Heilige Geist den Herzen der Menschen diesen Willen ein, und nach der paulinischen Abendmahlstradition ist (vgl. 1 Kor 11,25) der Tod Jesu der Akt des Abschlusses des Neuen Bundes. Nach Hebr besteht der Neue Bund in Sündenvergebung und neuer Kultordnung zugleich.

Paulus: Paulus oder auch sonst irgendeine andere Gestalt des frühen Christentums werden in den Texten von Qumran nicht erwähnt. In der Auffassung, daß der Mensch »Fleisch« und Sünder, also schwach und sterblich ist und unter diesen Bedingungen ganz verloren wäre, stehen viele hymnische Texte aus Qumran Paulus nahe. Jedoch teilen sie nicht die entscheidende christologische Kehre.

Sabbat: Texte aus Qumran zeigen, daß Jesus mitten in der zeitgenössischen Diskussion über die Auslegung des Sabbatgebots stand. Das betrifft insbesondere die Frage, ob man einen in die Grube gefallenen Menschen (oder ein Haustier) am Sabbat retten dürfe oder nicht. Die Diskussion ist bunt und je nach Schrift unterschiedlich:

Dtn 22,4:

Ochs und Esel des Nächsten (!) aus der Grube befreien (keine Sabbatfrage!)

CD 11,13 f. 16:

Vieh im Brunnen: nicht retten;

Mensch im Brunnen: retten (*nicht* mit Leiter oder Strick).

4 Q 251,5–7:

Vieh: nicht retten;

Mensch: mit einem Kleidungsstück retten (*nicht* mit einem anderen Werkzeug).

Lk 14,5:

(Schilderung jüdischer Praxis): Ochse im Brunnen: retten;

Kind im Brunnen: retten.

Argumentation: Wenn das Juden erlaubt ist, um wieviel mehr darf Jesus dann eine Wassersüchtige heilen.

b Yoma 84b:

Kind darf gerettet werden mit Erdscholle oder Leiter.

Sohn Gottes: Nach 4 Q 246 heißt es offenbar von einem heidnischen König (Deutung umstritten): »… seinen Sohn, da er (der König) Gott genannt wird und man ihn als Sohn des Höchsten benennen wird.« Wenn Jesus nach Lk 1 ähnlich genannt wird, bedeutet das: Die christliche Offenbarung macht heidnischen Herrschern diese Titel streitig und bezieht sie allein auf Jesus Christus.

Taufe: Waschungen am Abschluß der »Umkehr« lassen

einen Zusammenhang von körperlicher Reinheit und »Buße« erkennen. Diese Funktion hat grundsätzlich auch die Taufe des Johannes, nur ist sie a) einmalig und b) auf das kommende Zorngericht Gottes bezogen.

Tempel: Nach 1 QS 8 stellt die Gemeinde selbst das »Allerheiligste« dar. Parallelen zu dieser Auffassung kennt sonst nur das Neue Testament. Nach Paulus, Eph 2 und 1Petr 2 stellt die Gemeinde selbst den Tempel dar. Aus dieser bildlichen Rede über den Tempel ist übrigens weder positiv noch negativ etwas über die Stellung der Sprecher zur Institution des Tempels in Jerusalem ausgesagt.

Urgemeinde: Es gibt u.a. die verbreitete Meinung, die Urgemeinde habe in Qumran gelegen. Denn Paulus habe Christen der Urgemeinde in »Damaskus« verfolgt. Dieses könne aber nicht das (heute syrische) Damaskus sein, sondern müsse Qumran gewesen sein. Darauf weise u.a. die Damaskusschrift (CD), die man in Qumran (und in der Geniza von Alt-Kairo) gefunden habe. Auch das Alte Testament erwähne dieses Damaskus schon. – Hier liegt eine Fehldeutung vor. Nach CD liegt Damaskus nicht in Judäa, was von Qumran aber sehr wohl gilt.

Werke: Viele Texte aus Qumran setzen voraus, daß der Mensch Werke wirkt. Je nach dem Bereich, dem er zugehört, sind diese Werke gut oder schlecht. Damit verraten die Werke auch, wo der Mensch hingehört.

Wunder: Nur extrem selten werden »Wunder« im neutestamentlich-speziellen Sinn erwähnt. Nach 1 Q 20 (früher: 1 QGenAp) bewirkt Abraham durch sein Gebet und Handauflegung Heilung von Aussatz und bösem

Geist. – Die zahlreichen neutestamentlichen Wunderberichte bleiben daher ein gravierender Unterschied zu allen Schriften aus Qumran.

Zelotismus: Es gibt Forschungsmeinungen, nach denen sowohl »die Qumran-Sekte« (wegen der Nähe zu Masada) als auch das frühe Christentum mit Zeloten, d.h. terroristischen Aufständischen in Verbindung standen. Nichts davon ist beweisbar. Auch wenn Jesus nach Lk 22,36–38 zwei Schwerter mitzuführen erlaubt, dann liegt darin nur das Zugeständnis einer Defensivausrüstung gegen Straßenräuber (ähnlich im Bericht über Essener nach Josephus).

Zwölferkreis: Nach 1 QS 8 gibt es einen Kreis von zwölf Laien als Vertretern »Israels«; zu ihnen treten allerdings noch drei Vertreter »Aarons«, also Priester, hinzu. Die Zwölf sind »vollkommen in ihrem Wandel« und als solche »Sühne für das Land«. Sie sind die maßgeblichen Schriftausleger. Sie heißen »heiliges Haus für Israel«, die drei Vertreter der Priester »Allerheiligstes für Aaron«, »erprobte Mauer« und »Eckstein« (8,5–7). – Jesus hat demnach mit seiner Berufung und Errichtung eines Zwölferkreises eine in seiner Zeit virulente Konzeption der Erneuerung Israels aufgegriffen.

Literaturhinweise

Textausgaben und Übersetzungen

Discoveries in the Judaean Desert. Oxford 1955–98. [Zitiert als: DJD.]

Wacholder, B.-Z. / Abegg, M. G.: A preliminary edition of the unpublished Dead Sea scrolls. The Hebrew and Aramaic texts from Cave 4. 3 Bde. Washington 1991–95.

MFE = Tov, Emanuel / Pfann, S. J.: The Dead Sea scrolls on microfiche. A comprehensive facsimile edition of the texts from the Judaean Desert. Leiden 1993.

Charlesworth, James H.: The Dead Sea Scrolls. Tl. 1 ff.: Tübingen/ Louisville 1994 ff.

Beyer, Klaus: Die aramäischen Texte vom Toten Meer. Göttingen ^{2}1986.

Lohse, Eduard: Die Texte aus Qumran. München 1964. ^{4}1986.

Maier, Johann: Die Tempelrolle vom Toten Meer. München ^{2}1992. (UTB 829.)

– Die Qumran-Essener: Die Texte vom Toten Meer. 3 Bde. Stuttgart 1995/96. Bd. 1: UTB 1862. 1995; Bd. 2: UTB 1863. 1995; Bd. 3: UTB 1916. 1996. [Zitiert als: Maier.]

García Martínez, Florentino: The Dead Sea scrolls translated. The Qumran texts in English. Leiden 1994.

Kuhn, Karl Georg [u. a.]: Konkordanz zu den Qumrantexten. Göttingen 1960.

Martone, C.: A Concordance to the newly published Qumran Texts. In: Henoch 25 (1993) S. 155–206.

Berger, Klaus: Das Buch der Jubiläen. Gütersloh 1982. (Jüdische Schriften aus hellenistisch-römischer Zeit. II,3.) [Zitiert als: Jub.]

– Die Psalmen aus Qumran. Stuttgart 1994. [Zitiert als: Berger.]

Doudna, Gregory L.: 4 Q Pesher Nahum. A Critical Edition. Sheffield 2001.

Sekundärliteratur

Adam, Alfred [C. Burchard]: Antike Berichte über die Essener. Berlin ^{2}1972.

Albani, Matthias: Astronomie und Schöpfungsglaube. Untersuchungen zum astronomischen Henochbuch. Neukirchen-Vluyn 1994.

Albeck, Chanoch: Das Buch der Jubiläen und die Halacha. Berlin 1930.

Allegro, John Marco: Die Botschaft vom Toten Meer. Das Geheimnis der Schriftrollen. Frankfurt a.M. 1957.

Bauer, Johannes Baptist / Fink, Josef / Galter, Hannes D. (Hrsg.): Qumran. Ein Symposion. Graz 1993. (Grazer Theologische Studien. 15.)

Baumbach, Günter: Qumran und das Johannesevangelium. Berlin 1958.

Baumgarten, Joseph M.: Studies in Qumran Law. Leiden 1977.

Becker, Jürgen: Das Heil Gottes. Heils- und Sündenbegriffe in den Qumrantexten. Göttingen 1964.

Berger, Klaus: Qumran und Jesus. Wahrheit unter Verschluß? Stuttgart ^{3}1993.

Bergmeier, Roland: Die Essenerberichte des Flavius Josephus. Quellenstudien zu den Essenertexten im Werk des jüdischen Historiographen. Kampen 1993.

Betz, Otto: Offenbarung und Schriftforschung in den Qumranschriften. Tübingen 1960.

Betz, Otto / Riesner, Rainer: Jesus, Qumran und der Vatikan. Klarstellungen. Freiburg i.Br. ^{3}1993.

Black, Matthew: The Scrolls and Christian Origins. London 1961.

Braun, Herbert: Qumran und das Neue Testament. 2 Bde. Tübingen 1966.

Brooke, G.J. (Hrsg.): Temple Scroll Studies. Sheffield 1989.

Charlesworth, James H. (Hrsg.): John and Qumran. London 1972.

– (Hrsg.): Jesus and the Dead Sea scrolls. New York 1992.

Delcor, Mathias (Hrsg.): Qumran. Paris 1978. (BEThL 46.)

Dimant, Devorah / Rappaport, Uriel (Hrsg.): The Dead Sea scrolls. Leiden [u. a.] 1992.

Fabry, Heinz / Lange, Armin / Lichtenberger, Hermann: Qumranstudien. Göttingen 1995.

Fitzmyer, Joseph A.: Qumran: Die Antwort. 101 Fragen zu den Schriften vom Toten Meer. Stuttgart 1993. (Stuttgarter Taschenbücher. 18.)

Flusser, David: Judaism and the origins of Christianity. Jerusalem 1988.

– Entdeckungen im Neuen Testament. Bd. 2: Jesus – Qumran – Urchristentum. Neukirchen-Vluyn 1992.

– Das essenische Abenteuer. Die jüdische Gemeinde vom Toten Meer. Winterthur 1994.

Gärtner, Bertil: The Temple and the Community in Qumran and the New Testament. Cambridge 1965.

Golb, Norman: Qumran. Wer schrieb die Schriftrollen vom Toten Meer? Hamburg 1994.

Grözinger, Karl Erich u. a. (Hrsg.): Qumran. Darmstadt 1981. (Wege der Forschung. 410.)

Hagenow, Gabriele: Khirbet Qumran oder die höhere Kunst archäologischer Interpretation. In: Jahrbuch des Deutschen Evangelischen Instituts für Altertumswissenschaft des Heiligen Landes 6 (1999).

Jaubert, Annie: La notion d'alliance dans le Judaisme … Paris 1963.

Jeremias, Gert: Der Lehrer der Gerechtigkeit. Göttingen 1963. (Studien zur Umwelt des Neuen Testaments. 2.)

Klinzing, Georg: Die Umdeutung des Kultes in der Qumrangemeinde und im Neuen Testament. Göttingen 1971. (Studien zur Umwelt des Neuen Testaments. 7.)

Krupp, Michael: Qumran-Texte. Zum Streit um Jesus und das Urchristentum. Gütersloh 1993.

Küchler, Max: Frühjüdische Weisheitstraditionen. Göttingen 1979. (Orbis biblicus et orientalis. 26.)

Kuhn, Heinz-Wolfgang: Enderwartung und gegenwärtiges Heil. Untersuchungen zu den Gemeindeliedern von Qumran. Göttingen 1966. (Studien zur Umwelt des Neuen Testaments. 4.)

Lange, Armin: Weisheit und Prädestination. Weisheitliche Urordnung und Prädestination in den Textfunden von Qumran. Leiden 1995. (Studies on the texts of the Desert of Judah. 18.)

Lichtenberger, Hermann: Studien zum Menschenbild in Texten aus Qumran. Göttingen 1980.

Maaß, Hans: Qumran. Texte kontra Phantasien. Karlsruhe 1994.

Mayer, Bernhard (Hrsg.): Christen und Christliches in Qumran? Regensburg 1992. (Eichstätter Studien. N.F. 32.)

Milik, Jozef Tadeusz: The Books of Enoch. Aramaic Fragments of Qumran Cave 4. Oxford 1976.

Murphy O'Connor, Jerome (Hrsg.): Paul and Qumran. London 1968. ²1990.

Muszyński, Henryk: Fundament. Bild und Metapher in den Handschriften aus Qumran. Rom 1975.

von der Osten-Sacken, Peter: Gott und Belial. Traditionsgeschichtliche Untersuchungen zum Dualismus in den Texten aus Qumran. Göttingen 1969. (Studien zur Umwelt des Neuen Testaments. 6.)

Schiffman, Lawrence H. (Hrsg.): Archaeology and History in the Dead Sea scrolls. Sheffield 1990.

– Reclaiming the Dead Sea scrolls. Philadelphia 1994.

Schwarz, Eberhard: Identität durch Abgrenzung. Bern 1982.

Stegemann, Hartmut: Die Essener, Qumran, Johannes der Täufer und Jesus. Freiburg i. Br. 1993. ⁴1994.

Stemberger, Günter: Pharisäer, Sadduzäer, Essener. Stuttgart 1991. (Stuttgarter Bibelstudien. 144.)

Steudel, Annette: Der Midrasch zur Eschatologie aus der Qumrangemeinde. Leiden 1994.

Trebolle, J. / Vegas, Montaner L. (Hrsg.): The Madrid Qumran Congress. 2 Bde. Leiden 1992.

Ulrich, Eugène / Vanderkam, James C. (Hrsg.): The community of the renewed covenant. Notre Dame 1994.

Vanderkam, James C.: Einführung in die Qumranforschung. Göttingen 1998.

van der Woude, A.S.: Die messianischen Vorstellungen der Gemeinde von Qumran. Assen 1957.

Vaux, Roland de: Archaeology and the Dead Sea Scrolls. London 1959. Verb. Ausg. 1973.
Vogel, Manuel: Das Heil des Bundes. Bundestheologie im Frühjudentum und im frühen Christentum. Tübingen 1995.
Zangenberg, Jürgen: Samareia. Antike Quellen zur Geschichte und Kultur der Samaritaner in deutscher Übersetzung. Tübingen 1994.
– Das Tote Meer. Mainz 2010.
Zimmermann, Johannes: Messianische Texte aus Qumran. Tübingen 1998.

Nachwort

Die Faszination der Qumrantexte liegt darin, daß wir hier unversehrte Texte direkt aus der Zeit kurz vor der Entstehung des Christentums in der Hand haben.

In dem hier vorgelegten Buch wurde mit Bedacht die These vermieden, alle gefundenen Rollen repräsentierten essenische Theologie oder seien einem Kloster-, Sekten-, Akademie-, Verlags- oder Tempelbetrieb in den Mauern von Qumran zuzuordnen. Je länger man die Einzeldokumente wird studieren können, um so mehr wird man zweifellos entdecken, daß es sich um einen Querschnitt aus dem damaligen Judentum handelt, der das Etikett nur einer Richtung nicht vertragen kann. Selbst wenn es zutreffen mag, daß die Krüge, in denen manche der Rollen verpackt waren, nur aus der Töpferei in Qumran kommen können – war es nicht das Naheliegendste, die schweren Tonwaren nicht kilometerweit zu schleppen, sondern nur die leichteren Handschriften, die Tonkrüge aber vor Ort zu kaufen? So wie man heute Friedhofsvasen eben in der Gärtnerei nahe dem Friedhofseingang kaufen wird.

Auffallend an diesen Texten ist ihre relativ große Distanz zu konkreten geschichtlichen Ereignissen. So werden in der Gesamtheit der Texte nur weniger als zehn Personen mit Namen genannt. Daher kommen auch die Schwierigkeiten bei der historischen Einordnung und die umstrittene Zuordnung zu einer bestimmten Gruppe und deren mutmaßlicher Geschichte.

Überraschend ist die große Zahl gottesdienstlich-liturgischer Texte und Gebete bis hin zu ersten Zeugnissen jüdischer Mystik im Sinne späterer Traktate von den himmlischen Hallen (Hymnen, Engelliturgie, Sabbatliturgie).

Neu und unerwartet sind auch alle Texte, die offensichtlich das Innenleben kleinerer vereinsmäßig strukturierter jüdischer Gruppen wiedergeben. Dazu gehören CD und 1 QS, nach manchen Forschern auch 1 QSa.

Aufschlußreich ist die relativ große Zahl von Texten aus der Henoch-Literatur (aram. erhalten). Es wird erkennbar, daß die traditionell bekannten Henoch-Schriften nur ein kleiner Ausschnitt aus einer ganzen Literaturrichtung waren.

Andererseits sind – in Anbetracht der Tatsache, daß man früher das gesamte zwischentestamentliche Judentum in »Weisheit« und »Apokalyptik« meinte unterteilen zu können – gerade aus diesen beiden Bereichen doch nur verhältnismäßig wenige Zeugnisse erhalten geblieben, wenn man unter Apokalyptik wirklich Himmelsreisen und/oder Geschichtsabrisse, die Endzeit betreffend, versteht. Insofern ist unser Bild über das zeitgenössische Judentum wirklich revolutioniert worden.

Es trifft eben wohl nicht zu, daß das zeitgenössische Judentum vor »adventlicher Erwartung« fast platzte. Die wenigen Stellen, die terminiert sind, »bis der Gesalbte aus Aaron und Israel kommt« (oder ähnlich), sind denkbar nüchtern formuliert. Irgendeine Unruhe wird nicht daraus erkennbar. Auch die Messiaserwartungen selbst sind zurückhaltend und nüchtern.

Noch weniger ist das Judentum dieser Zeit, um eine bekannte Metapher Wilhelm Boussets zu gebrauchen, ein gärendes Chaos, in welchem sich alles mehr oder weniger in Auflösung befunden hätte. Wohl finden wir ein sehr vielfältig gesprenkeltes Judentum – aber von Chaos und Auflösung ist keine Spur zu entdecken. Sowohl in den Ausprägungen tiefer Frömmigkeit als auch in den Gesetzeserörterungen und -traktaten meldet sich ein Judentum, das sich lebendig weiterentwickelt hat.

Überraschend ist an den Qumrantexten auch, wie wenig frühpharisäische Gesetzesdebatten der Art, wie sie in der Mischnah bewahrt sind, hier eine Rolle spielen. Nun mag man zwar darauf hinweisen, daß es sich eben um essenische, nicht aber um pharisäische Texte handelt. Doch wer diese Grundthese anzweifelt, wird einfach feststellen müssen, daß hier über das Gesetz noch anders diskutiert wird und daß für frühpharisäische Autoritätenketten die Zeit noch nicht gekommen war.

Im Vergleich mit dem Neuen Testament fällt der völlige Mangel an zeitgenössischen charismatischen Äußerungen auf. Weder Exorzismen noch Heilungen sind belegt. Hier konnte die Jesusüberlieferung einfach nicht an Dinge anknüpfen, die zur Zeit der Entstehung der Rollen virulent oder akut waren (wir wissen von Wunder-Rabbis und Propheten für die Zeit direkt danach aus anderen Quellen).

Auch die Liebe zur Schriftzitierung hält sich in den Qumranschriften in Grenzen. Wenn man bedenkt, daß der Schriftstellenindex bei Johann Maier[24] für das hebräische Alte Testament nur knapp 18 Druckseiten umfaßt, bei denen die meisten Stellen sich auf Fragmente aus Höhle 4 und Höhle 11 beziehen, dann kann von einem Biblizismus, wie er etwa in exegetischen Kommentaren unserer Tage herrscht, nicht die Rede sein. Der Kanon ist eben

24 Maier, *Die Qumran-Essener*, Bd. 3, S. 161 ff.

noch nicht zum A und O aller Lehre geworden. Andererseits sind wir dankbar, in 1 QpHab und 4 QpNah und in anderen Texten erste Beispiele systematischer Schriftauslegung aus dem Judentum überhaupt zu haben. Man bedenke: Bis zu den Funden von Qumran waren das Neue Testament, der Barnabasbrief und Philo von Alexandrien die ersten Zeugnisse für eine im Zusammenhang vollzogene Exegese der »Schrift«. Das Verfahren des Midrasch pescher, das sie üben, findet sich auch im Neuen Testament, z.B. in Hebr 2: Eine relativ kurze Schriftstelle wird zitiert, dann werden einzelne Wendungen (Wortfolgen) daraus aufgegriffen und in fortlaufende Sätze integriert.